사랑합니다! 아버지

전근표 시집

# 사랑합니다! 아버지

月卿

한솜미디어

## 머리글

제2집은 1집에 비해 발간하기까지 많은 어려움이 있었던 것 같다.

이미 발간한 시집의 내용들부터 수정할 수만 있다면… 하는 생각에 사로잡힐 때가 많았기 때문이었다.

제1집을 출판하고 지난 5년이란 시간은 그리 짧다고는 할 수 없을 것이다.

그런데 글을 쓰면 쓸수록 더 잘 써야지 하는 아집과 욕심에 사로잡혀 솔직히 글다운 글이 쓰여지지 않았고 독자가 두렵고 무서워 작품 쓰기가 힘들었던 게 사실이었다.

그러나 나는 어떠한 이론적(理論的) 원론(原論)보다 나를 아껴주시는 지인 선생님들의 스치는 듯한 "야! 임마 전근표,

잘해 봐", " 글이란 의미가 있어야 해", "시(詩)란 함축성(含蓄性), 진정성(眞正性), 사실적(事實的)이어야 해", "연과 연, 무슨 지랄, 논리는 어린애들 장난질이야", "그럴 시간 있으면 시간을 엮을 수 있는 사실적 현상(現狀)을 찾아봐", "시란 살아서 꿈틀거려야 되는 거야" 하는 짤막한 칭찬 반, 나무람 반으로 하신 말씀들이 나의 머릿속에 맺혀 가슴을 달구고 있었기 때문이었다.

내 작은 두뇌에서 가슴속까지 피어오르는 향기를 찾아보려는 내면의 갈등을 통해 싸움질하는 모습을 어느 누가 알 수 있었을까.

그러나 산속에서, 들판에서, 물가에서, 작은 들풀, 들꽃, 작은 돌멩이 하나에 맺혀진 이슬방울까지도, 깜깜한 어둠 속에서도 밝게 빛나는 생명력(生明力)이 꿈틀거릴 수 있도록, 영혼을 불어넣을 수 있도록 글을 쓰는 이, 바로 그런 이가 되기를 원했을 뿐이었다.

아버님, 어머님에 대한 참뜻을 알고 의미를 부여하며 현실을 꿰뚫어보는 시안(詩眼), 그 한 마디 한 마디 단어 자체가 진정 진솔하고 진한 향기를 내뿜는 활화산 같기 때문이리라.

지나간 과거의 추억을 되뇌이며 가난을 벗 삼아 살아온 질곡된 삶의 흐름이 겹겹이 쌓여 독자 여러분의 따뜻한 가슴에 시원한 청량제 같은 향기로움으로 다가가기를 바랄 뿐이다.

그동안 제2의 시집이 출간되기까지 가까이에서 스쳐 지나

가는 식의 〈우문 선답 식〉 가르침을 주셨던 고은 선생님과 최승범 선생님, 김남곤 선생님, 이운룡 선생님, 문봉식 선생님을 비롯, 전병윤 선생님, 전덕기 선생님, 허호석 선생님께 진심으로 이 자리를 빌려 감사를 드립니다.

2013년 11월
월랑(月瑯)
전근표 배상

# 제1부 : 깊어가는 가을

# 제2부 : 사랑합니다! 아버지

## 제3부 : 어머님께서 바라시는 행복

# 제4부 : 코스모스

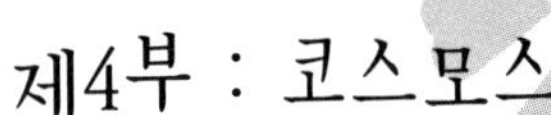

## 제5부 : 감사하는 마음

## 제6 수필, 여행기



**〈시와 해설〉**

# 1부
# 깊어가는 가을

# 한여름 바닷가에서

하늘엔 붉은 태양
초록 산야 풀내음 익히고
바닷가 하얀 파도
청량한 해풍을 마신다

비어 있는 듯
차 있는 파아란 하늘
수평선 머리 위
활짝 핀 뭉개구름 꽃
차 있는 듯 비어 잡히지 않고

바람 불듯 구름 흘러
까맣게 살아온
내 삶의 텅 빈 가슴에
처얼썩 처얼썩
파도소리만 아련하다

구구국 구구국
떼 지어 나는 갈매기
동심의 캔버스 위에
흰 돛단배 하나 그리고 있다

# 내가 사는 길

우리 어떻게 살아왔나
나는 누구며 너는 누구냐
묻고 또 물어본다

하늘 아래 살면서
지은 죄 얼마 잘못 또한 얼마인가
혹시 좋은 일은 콧구멍 반만큼

사는 동안 참회로
남은 삶 베풀고 감사하며
사랑할 수 있다면

# 그리운 고향 집

어린 시절 살붙이 부비며 살았던 정든 토담집
시냇물 따라 아낙들 정담 꽃피고
방망이 매질하던 빨래터 있던 그곳

봉선화 채송화 화사한 앞마당 우물가에
어머니 정성이 열병사열 하던 장독대가 있고
두레박 속 수박으로 한여름 깨쳤던 그곳

똥장군 지게 메고 넘어질까 어깨춤 추며
콧노래 희, 로, 애, 락, 삶이 녹아 있던 그곳

아침이면 까치 소리 반갑고
삼짇날 처마 밑 제비 한 쌍 그리며
새끼 찾는 어미염소와 누렁송아지 뛰놀던 그곳

진달래꽃 따다 휘영청 밝은 밤에
화전 부치며 그림자 좇아 사랑 나누던 그곳

초라히 늙어가는 머릿속 잔영이
소낙비 뒤 풀벌레 소리로 다가와
파란 하늘에 진안 고향 집을 하얗게 그리고 있다

# 그곳에 가보고 싶다(용담댐)

그곳에 가보고 싶다
금강 상류 시원한 물소리의
옛 이야기 구수한 그곳

저녁놀에 백로가 새끼들 데리고
하늘길 가면서 도란거리는
한가한 이야기 소리 들리는 그곳

어머니의 호미 끝에 묻어나는
땀방울이 세간을 늘리고
날 詩人까지 밀어 올려준
텃밭이 있는 그곳

물속에 깊게, 깊게 잠들어 있는
고향 집에 가보고 싶다

어린 꿈이 자랐고
또 꿈을 묻어놓고 나온 그곳

상전이 벽해되듯
벽해가 상전될 날 있으리

아주 먼 훗날이라도 좋다
그곳에 꼭 가보고 싶다

# 고마운 가을비

온통 회색빛 하늘이다
소리 없이 내리는 가을비가 고맙다

듬성듬성한 은빛 억새풀 위에도
늘어진 오색 단풍나무 가지 위에도

밭두렁 논두렁 노란 콩잎
미처 거두지 못한
볏짚 위에도 촉촉하게 내린다

무성하게 자란 무잎 배추포기에
목마름 흠뻑 적시어 고맙기만 하다

뙤약볕 시름 짓던 농부님들
밭고랑 사이사이 누비며
넉넉함이 가득 가득이다

빨갛게 익어 높게 매달린 감이
가는 가을을 재촉하고 있다

# 깊어가는 가을

하늘은 높고 청명하다
하늘 길 따라가는 기러기 떼
그 모습 한 폭의 그림이라

옷깃 스치는 서늘한 바람
저 멀리 파란 하늘 바다에
하얀 쌍돛대 깃발 달았다

내리쬐는 따스한 하얀 햇살
내 가슴 빈 창에 들어와
골골이 황금물결 파도를 친다

높이 매달린 빨간 감나무 아래
돌담길 따라
흐드러지게 핀 코스모스
온몸 휘날리며 나를 감싸고

꽃잎 되어 흩날리는
샛노란 은행 이파리
가을비 되어
떠나는 길 못내 아쉬워라

돌 틈 사이 헤집고
귀뚤귀뚤
슬피 우는 귀뚜라미
가는 가을 어서 가라 독촉이다

아 아,
내 코끝에 내 눈가에 가을이!
가을은 영글고
아, 가을은 깊어만 간다

# 갤러리 연인

갤러리 단골 두 연인
조용한 찻방 찾아 똬아리 틀고
옳거니 그르거니 인생사 쳐 보다
시간 가는 줄 몰랐다

몸매는 현모양처요
목소린 옥구슬이라
귀뚜라미, 여치마저도
희미한 가로등 무대 삼아 합창 한다

새벽녘 아기 새 울음소리에
두 연인 총총걸음
풀잎 이슬에 젖은
새벽 그림자 흠뻑 적신다
깜깜한 어둠은 어디 갔는고

# 그리움(1)

눈을 뜨고 보니 핸드폰에
짤막한 사연이 와 있었습니다
읽는 순간 가슴이 아파왔습니다
내내 그 문자를 바라보며
녹아내릴 듯 사무치는 그리움은
찡한 내 두 눈가에 끝내
이슬방울을 맺히게 하였습니다
"그리워요 보고파요 사랑해요"
자주 들려주는 그 사연은
외로운 나에게 천사가 들려주는
희망의 목소리였습니다
그대를 사랑합니다 행복합니다

# 가을 풍경

노랑 감나무 아래
돌담길 따라
흐드러지게 핀 코스모스
온몸 휘날리며 나를 감싸고

꽃잎 된
샛노란 은행 이파리
가을비 되어 흩날린다

돌 틈 사이
귀뚤귀뚤
슬피 우는 귀뚜라미
가을아 어서 가라 독촉이다

아 아, 내 코끝에
가을은 영글고
내 눈가엔 오색 단풍으로 물들었다

# 눈을 뜨면 세상을 봅니다

누가 들어주지 않아도
깊은 산속 골짝 물은
졸 졸 졸 소리를 냅니다

맞아주는 이 없어도
허허벌판 들국화는
짙은 향기를 내뿜습니다

누가 거둬주지 않아도
폭풍우 엄동설한에
나무는 자라 열매를 맺고

보아주는 이 없어도
뙤약볕 폭염 속에
들풀도 꽃을 피웁니다

나는 눈을 뜨면 세상을 봅니다

# 고향 장터

튀밥 기계 풀무질 하시던 할아버지
황색 깃발 흔들며 "귀 막아요!"
휘익 휘익
호루라기 소리 요란스럽다

가무잡잡한 모습의 뻥튀기 아저씨
한 손으로 기계 손잡이를 틀고
푹팟 푹팟 누르며
한 손으로는 뻥튀기 과자 하나 집어
지나는 사람마다 내미신다
"하나 잡숴보세요… 맛있어요"

되는 대로 땅바닥에 벙퍼짐히
주저앉은 아줌마들
한 됫박, 두 됫박 고봉으로 셈을 세며
"값일랑 깎지 마세요" 하소연이다

"떨이떨이, 마지막입니다"
"살림에는 눈이 보배요"
"기회는 자주 오는 게 아닙니다"
생선가게, 과일가게…
여기저기서 고함 소리다

짤그락 짤그락, 째깍 째깍
엿장수 가위질 장단에
걸쭉한 막걸리 한 잔에
순댓국 한 사발
뚝배기 사발만큼이나 더 큰 정을 담아
덤 주고 값 깎는
사람 사는 맛을 나눈다

구레나룻에 삶의 덧모자를 눌러쓴
고향 사람들 시골 장터 모습이 그립다
정 많고 순박한 사람들
그들의 모습에서
내 가슴 어느새 따뜻함으로 가득하다

# 늦은 후회

인간 탈 쓰고
제 갈 길 끝에 서니

풀밭에 노니는
벌레 새끼만도 못한 놈

하늘 나는 참새
한 마리가 그립다

죽어도 짹 했던
오, 나여
오, 나의 인생이여!

# 승천하는 내 고향 마이산

우르르 쾅 우르르 쾅쾅…
천둥 번갯불이 하늘에 물구멍을 뚫었다

물 폭탄 맞고도 늠름한 모습으로
하늘 향해 우뚝 솟은 마이산
두 신선이 한 쌍 되어 몸을 씻는다

하늘엔 까만 먹구름 걷히고
흰 구름 내려 허리를 감싸니
마치 두 신선이 몸 씻고
하얀 수건으로 감싼 모습이 아닌가

가슴 아래 아기 산 품고
두 봉이 한몸 된 모습
가히 승천하는 신선 가족이어라

아름답고 경관 빼어난
전북 진안의 마이산
하늘 가까이에 큰 사람 내시는
선지동 마을
내 고향 진안이 눈에 선하다

# 2부 사랑합니다! 아버지

# 봄이 오는 소리

입춘 지난 지 벌써 엊그제
얼어붙은 들녘에
잎 트고 꽃 피려나 보다
들녘, 가지마다 연초록 물빛이다

흰 눈 내리는 날은
점점 잊혀가고
처마 밑 고드름 따며 놀던
동구 밖 아이들
눈싸움 소리마저 그쳤다

개울가 살얼음 지치고 나온 개구리
남풍 따라 올라온 제비 마중하고
수줍은 연분홍 진달래는
건너편 양지에 화사한 불을 지핀다

찬 서리 내린 자리 온기 서리듯
실개천은 졸졸졸 소리 내어 흐르고
앞동산 아지랑이 회색빛 연기되어
따스한 빛살로 햇살을 타고 있다
돌담 끼고 맴돌다 나온 아낙들
대바구니 허리춤 차고 나물을 캐고
수렁 답 푸르러 얼룩배미 황소 몰고 나온
이웃집 아저씨 수줍은 얼굴로
눈 비비며 오는 봄을 어렴풋이 맞고 있다

# 아버님! 하늘나라 그곳에도 꽃은 피었나요

아버지
생전의 모습이 그립습니다

어느 날 빈 손 쥐고
화사한 미소 지으며
꿈길에 나타나신 아버지
말씀은 없으셔도 저는 압니다
우애하고 사랑하며 살라는 그 뜻을

손수 초가 삼 칸 집 짓고
사립문 엮어 달며
십이 남매 날개를 키우면서
사랑과 우애를 가르치시던 아버지

참숯 가마에 날 밤을
하얗게 태우시던 아버지
황토 마당에 콩대 널어놓고

도리깨로 가을을 털던 아버지
샘물 사발에 소금 풀어
허기진 배 채우시던 아버지
아버지의 힘든 세월이 원망스럽습니다

그러나 그 모습에
아버님의 은혜 너무 크고 깊어
이제야 불효 자식
하늘 바다에 가슴만 치며
눈물이 마른 그리움으로
아버지! 아버지를 불러봅니다

아버지! 아버지!
아무리 불러봐도 허공에 메아리뿐
당신의 진정한 사랑에 눈물마저 말라
새록새록 더욱 그립습니다

아버님!
하늘나라 그곳에도 꽃은 피었나요?
생전에 손수 가꾸셨던 꽃밭에는
봄꽃이 활짝 피었습니다
어제는 묘소 앞에 개나리꽃 한 아름 놓고
하늘도 노랗게 울어보았습니다

아버님! 하늘나라 그곳에도 꽃은 피었나요?
하늘나라 아버님 꽃밭에 봄꽃이 화사하길 빕니다

# 밤하늘 별을 보며

맑게 개인 밤하늘에
수많은 별들을 바라본다
무심코 바라보는 아름다운
별빛이다
어릴 적 추억 마냥 새롭다

저 별은 나의 별
저 별은 너의 별
눈같이 까만 눈동자
마음의 눈으로
가슴의 눈으로
꿈과 희망 그리고
사랑을 속삭이게 했던 별빛이 아닌가

한낮 밝은 햇빛에 가려
부끄러운 얼굴조차
내밀지 못하고
세상 모든 것을 훔쳐보다
캄캄한 어둠 속 유독 빛을 밝히는 너

오늘 사는 나 현재 너를 보며
하늘을 날 수 있다면
오염된 일상 떨쳐버리고 당장
너를 닮은 나만의 별을 찾아
사랑 찾아 님의 가슴에 꽂히고 싶다

# 새 아침 신묘 예찬

하늘의 새 창을 열라
신묘의 태양이 솟으리라
찬란한 너의 빛
백두 천지, 한라 백록을 넘치게 하라
무궁한 5천 년 역사 힘이 여기 있다

태양아 높이 솟아라
높이 솟아 뜨거운 빛을 발하라
이글거리는 너의 빛으로
7천만 가슴 가슴을 달구라
분단의 벽을 깨고 지구촌 등불 켜리라

너의 그 찬란함에
너의 그 뜨거움에
위선된 분열과 모순 덩어리
민초들 풀숲에 잠들게 하라

새 아침 신묘의 태양아
맑고 밝은 새 창을 열라
우리 이웃과 함께
희망 펼칠 새 길을 걸으리라

남북의 창에 새 빛 밝힐 수 있다면
하늘 우러러 너를 흠모하며 사랑하리라
영원히 기억할 금수강산 평화의 등불 켜리라

# 5월의 무릉원 초대

임이시여!
지고 가시던 짐 잠시 벗고
숨겨둔 임 보러오듯 살며시
그냥 오셔서 잠시 쉬었다
봄바람 불듯 가시구려

싸리, 찔레, 철쭉 병풍 삼아
지는 민들레, 개나리 화사함 속에
걸러놓은 컬컬한 막걸리 한 잔
하늘하늘 춤추는 벌 나비처럼
한바탕 신명 굿판 아니 하려오

흐드러진 능수버들 그늘 아래
그대 임 만나 꽃자리 펴고
껄껄껄 웃으며
서산에 새벽달 질 때까지
지난날 회포를 푸세
인고의 세월 잠시 잊어보세나

# 사랑합니다! 아버지

아버지!
춘하추동 사계절
비바람 폭풍우가 불어도
엄동설한 눈보라가 휘몰아쳐도
날 낳으신 어머니 붙잡고
꿋꿋한 모습으로 자식들 사랑하셨던 아버지
배고파 허기질 때면 새벽잠 깨어 사립문 박차고
쪼들린 삶에 지친 모습 숨기려고
늦은 저녁에야 집에 오셨던 아버지
이 자식 그 크고 깊은 뜻을 이제야…이제야
아무리 불러도, 불러도 대답 없는
이제야 알았습니다
아버지 아버지 아버지
당신을 불러보며
하늘만 우러러 눈물짓고 있습니다
사랑합니다! 아버지
사랑합니다! 아버지

# 돌아온 제비야 반갑다

집안 청소하던 아내
"여보! 제비 왔어요! 제비가" 하는 소리에
방 안에서 글 쓰던 나는 귀가 번쩍 뜨였다
"뭐라고 제비가?"
모든 것 팽개치고 현관문을 박찼다
찌지 배배 찌지 배배 찌지…
얼마나 기다렸던 모습인가
얼마나 듣고 싶었던 소리인가

6년째 해마다 찾아왔던 제비
금년에 안 오면, 혹시나 하던 걱정이
기다림 속 한순간 기쁨으로 변했다
남쪽 나라 멀리
사고 없이 다녀온 우리 제비
다시 볼 수 있어 정말 고맙다

암갈색 선명한 날씬한 몸매에
짙은 자색 부리 뽐내며

찌지 배배 찌지 찌지 배배 찌지…
머리 위 맴돌며 마치
"엄마 아빠 저희 돌아왔어요"
옥상 빨랫줄 사이사이 날며 누가 볼세라

멀리서 젖은 논 흙덩이 물어다 지은
낡은 토담집이 뭐가 그리 좋은지
찌지 배배 찌지…
"올해도 새끼 많이 낳아 잘 길러다오"
부탁을 한다

# 상사화(꽃무릇)

그리워, 님 그리워
못내 가슴 앓다가
숲 속 숨어 핀 상사화 꽃
시집갈 새색시 얼굴 닮아
핏빛으로 물들었네

애달프다, 홀로 애달프다
슬픈 부름에 두 손 모으고
무리지어 핀 상사화 군단
족두리 쓰고 오실 님 기다리나
돌 틈 초목 아래 붉은 비단 깔았네

그리다, 그리다가
긴 목 치켜세운 한줄기 꽃대롱
설운 님 보내고자
족두리 꽃 풀섶 시린 이슬에
하얀 눈물짓고 말았네

애당초 못 볼 님이면
피지나 말지
홀로 펴 애간장 다 태우고
먼저 떠나는가
뒤따라 찾아올 푸른 님
어찌하라고

붉은 꽃잎에 살포시
날아와 앉은 나비 한 마리
바람 따라 나풀나풀
슬픈 추억을 훔치고 있다

# 가을 문 여는 소리

한여름 밤 불 밝혔던 개똥 불 숨고
리 리 리 리 귀뚜라미 밤새워 운다

찌르륵 찌르륵 찌르레기
찍 찍 찍 굴뚝새와 장단 맞추어

쯔르 쯔르 쯔르륵 지빠귀는
륵 또르르 쇠똥구리 쫓고

딱 딱 딱 딱정이와 땅강아지
별빛 그림자 되어 숨바꼭질이다

푸득, 따다닥 딱다개비 날고
툭 툭 툭 투드득 떨어지는 도토리

굴밤은 때굴 때굴 때구르르
윙 윙 빨간 고추잠자리 떼
들국화 향에 취한 코스모스
하늘가 황금빛 가을 문을 열고 있다

# 만추

들녘에 고개 숙인 나락들 황금빛이다
벼 이삭이 잘려나간 수렁 논두렁에
백로 날아와 한가히 먹이 찾고 있다

노적단 위 참새 무리 즐겁다 재잘대고
마을 어귀 타작소리 얼씨구 풍년가라
지친 허수아비 벌렁 누워 낮잠을 잔다

먼발치 산등성이 오색 단풍 눈부시고
뒷마당 감나무엔 홍시가 주렁주렁
땡감은 옷을 벗고 줄줄이 창고에 걸렸다

농부님들 농주 동이 채 들이켜고
얼씨구절씨구 어깨춤 덩실 춘다
오솔길 코스모스 갈바람에 하늘하늘
개울 옆 들국화 찬이슬에 흔들흔들
길가 낙엽 되어 구르는 샛노랑 은행잎
진한 가을 향기 내뿜고 있다

# 가을밤의 서시

몰래 부는 바람 서늘하여
열린 창문에 턱 받쳐 세우고
까만 밤하늘을 하염없이 바라본다

어디선가 가까이 들리는
풀벌레 소리 정답고
흐르는 구름 사이 별빛도 높다

동구 밖 짖는 개 소리
잠 깨어 구름 속 초승달 따라
같이 놀잔다

으스름 달빛에 숨어
가끔씩 얼굴 내미는 희미한 별
깊은 밤을 서럽게 붙들고 있다

어둠 밝힐 정의의 횃불 언제 밝히랴

# 저녁노을 속의 추억

떼 지어 나르는 갈매기 벗 삼아 지는 해
뭐가 그리 아쉬워
서쪽 하늘을 온통
검붉은 핏빛으로 그리고 있나

수평선 넘어 기약 없이 왔다 떠난 님 그리워
연인 가슴속 가득 채우고
부서지는 옛 추억으로 하늘 바다를 친다

님 싣고 떠난 연락선아!
네 가는 곳 어디 메냐
정든 님 찾아 너의 모습
어둠 속 숨기려면
허공에 흩어진 뱃고동 소리마저
잊혀질 것을

어둠에 지는 네 모습은
황홀한 아름다운 모습으로 다가와
추억 속 하얀 물거품 만들어가며
사라져간 파도 되어 내 가슴 때리고 있다

님 싣고 떠난 연락선아!
네 가는 곳 어디 메냐
정든 님 보고파
허공에 흩어진 뱃고동 소리 따라가고…

희미한 너와 나의 아름답던 추억들
다시 살아나
하얀 물거품 하늘 바다 만들어
사라져간 파도처럼
아련한 가슴으로 내 눈
너를 그린다

# 슬피 우는 마지막 갈잎 하나

동지섣달 해 질 무렵
깊은 산 중 바람에 나부끼며
슬피 우는 갈잎 하나
앙상한 가지 끝에 매달려
잡은 손 놓지 않으려 발버둥이다

먼저 떨어져 까만 고자백이 둥치 곁에
소복이 쌓인 숱한 친구들 보며
한순간 바람에도
매인 몸 놓칠까 걱정이다

돌 틈 사이 어설피 걸터앉은 친구들
부는 바람에 부스럭 부스럭 대며
하늘 향해 마지막 남은 친구야
손 놓지 말라 아우성이다

슬피 우는 마지막 갈잎 하나
저 멀리 산등성이 올라탄
갈참나무 숲에서
찢겨진 부챗살 틈새로
석양 노을을 본다

독야청청 솔잎 위에 우뚝 솟아
팔랑 팔랑 고독한 모습으로
먼저 떠난 친구 생각에
사그랑 사그랑
소리 내어 슬피 울고 있다

# 3부 어머님께서 바라시는 행복

# 아침 이슬

요즘 사회 빈익빈 부익부 양극화다
개혁주의자들과 기득권자들의
자리 굳힘 싸움이 한창이다

거짓과 파렴치가 도를 지나쳐
이제 '인간 자체'이기를
거부하는 듯하다

우리 모두 이른 새벽 맑은 하늘 아래
풀잎 위 영롱한 이슬을 보았는가?
'아침 이슬'처럼 투명하고 영롱한
사회 발전에 앞장서서 뜻을 같이 모으자

우리에겐 꿈이 있고 희망이 있다!
꿈은 반드시 이루어진다

# 약속

살아온 숱한 세월
영혼이 있기에
내 육신이 고맙다

손이 있어 발이 있어
가픈 삶 살아왔지만
그 고마움 때늦은 후회

흙탕물 마다않고
가시덤불 헤치며
이제라도 나한테 주어진
길을 걸어가야지

감사한 은혜
살아 숨 쉴 수 있을 때까지

# 석양 바다

하늘은
황금빛 긴 머리를
풀어 헤치고

바다는
온몸으로 노을을 품어
석양을 잉태 시키고 있다

달빛에 어리는
저 멀리 까만 섬
섬 섬
물 위에 띄워놓고

쏴아 쏴아
처얼썩 철썩 은빛 파도는
가슴속 찌든 떼를
오늘도 삼키고 있다

# 스치는 바람소리

어디선가
언제부터이던가
살며시 나부끼다
귓전에 맴돌다 간 소리들

사랑도
행복했던 기쁨도
아파했던 슬픔도
내 마음 스쳐갔던

스쳐가는 바람소리였던 것을

# 영원한 사랑이여

보이지 않아도 서로를 바라보듯
말하지 않아도 내 마음 다 아는
가슴속 영원히 잠들어 있는 그대

멀리 있기에 떨어져 있어도
항상 그리움에 울다 지치면
분홍편지 띄워주던 사랑한 사람

까만 밤하늘 반짝이는 별처럼
내 시린 눈망울에 별 꽃으로 다가와
사랑을 속삭이며 예쁜 미소 짓던 그대

가슴 아픈 이별 시간 온다고 해도
잊어야 하는 너를 어이 잊으리
너의 하얀 입술에 내 입 맞추며
두 손 꼬옥 잡고 맹세한 사랑이여

# 어머님의 기다림

혹시나
개 짖는 소리에
창문을 살며시 열어본다

늦은 밤
까만 하늘에
쏟아지는 거친 소낙비 소리
그 소리마저 얄밉다

창문 밖에
흠뻑 젖은 모습으로
지나쳐 가는 행인들 속에
행여 무거운 책가방 둘러멘
단발머리 딸아이는 아닐는지

금방이라도
그냥 비 젖은 채로
대문 열고 들어서면
얼마나 좋을까

가슴만 콩닥콩닥
기다림에 켜진 긴 한숨이
이제 동동동 발을 구른다

# 어머님께서 바라시는 추석의 행복

날 낳으신 어머님은 행복을 어디서 찾을까
많이 가르쳤더니 직장 좋고 돈 많이 벌어서
자식들 직책 높고 명예가 높아서일까
잘생겨 예쁜 여자와 큰 집 산다고 일까

그러나 하얀 박꽃처럼 늙으신 어머님
배운 것 없어도 가진 것 없어도
추석이면 덥수룩한 모습이라도
올망졸망 손자 손녀 데리고
부부가 함께 보름달 뜨는 추석
시골 고향 집 찾아
떡 메치고 괴기 볶고 전 지지고 송편 빚어
오순도순 정성스레 차례상 차리는

홍동백서 구색보다 흰머리 홀어미 찾아
조상님께 성묘하고 효도할 때 가화만사성이라
온 식구 모여 앉아 멍석 위엔 윷놀이
빽꾸 또야! 빽꾸 또!
고함소리 담을 넘기고

안방엔 동서 처남 처제 고스톱 한판
쓰리고야! 쓰리고!
피박야! 피박! 광박야!
으하하하! 손뼉 치며
아이고 쌌네! 쌌어!
으하하하! 으하하!
배 째져라 웃어대는
이런 모습에서 진정 행복을 맛보시리라

친구야!
인생길 머지않고 가는 길 빈손이다
행복은 가까이 있다
잡으려 하지 마라 도망을 간다
가는 길 멀다 말고 오는 길 귀찮다 마라
울 어머니 올해 추석에
살붙이 보는 행복,
그 맛이 최고시란다

# 어머님께서 추석을 기다리신다

비스듬하게 열린 사립문 비집고 뚫어지라
허리 굽은 흰머리 어머니
툇마루에 앉아 섰다 앉아 섰다
이내 초롬하신 눈망울
아래위로 좌로 우로 굴리신다
혹시나 하고 누굴 기다리시는 걸까
바람소리에 열린 문 닫아지면
어찌할까 걱정이신가

어제 따다 담근 땡감에 단맛은 들었는지
멍석 위 빨간 고추며 대추는 잘 마르고 있는지
어릴 적 품 안 배고픔 가난 서러워
집 떠나보낸 자식새끼들 지친 삶은 뒤로하고
추석 기다림에 오늘도 미안함뿐이다

잘들 사는지 건강은 한지 얼마나 자랐는지
성묘는 오는지 안 오는지
선물일랑 필요 없는디 필요 없어

이 에미가 많이많이 준비했당게
너희 주려고
그냥 왔다만 가거라

바쁘면 못 와도 좋고 애가 타신다
못 와도 어쩔 수 없지
지하에 계신 애비도 기다리실 텐데
내도 이제 니들 몇 번이나
볼 수 있을까 모르겠구나

# 올가을 행복을 준비하자

올가을에도
한해 땀 흘려 키운 곡식들
황금벌판을 이루고 어김없이
빨간 고추, 대추며 누런 호박덩이가
따가운 햇볕에 일광욕 하겠지
쩍 벌어진 알밤송이 토실토실 밤톨을 떨구고
노랑 잎 감나무는 새빨간 홍시 몇 개로
까치밥도 달겠구나
소쿠리에 담긴 땡감은 떫은 껍질 벗겨져서
처마 밑 시렁에 대롱대롱 조석으로
찬바람 사열 받겠지

그러나 올가을에는
시집 장가 못 간 처녀 총각 결혼해서
아들 딸 많이 낳게 하고
고3 수험생 모두 대학합격
축하 꽃다발 가슴에 안겨주고
청년 노인 취직 못한 실업자

몽땅 일자리 찾아 제 밥벌이 하게 하고
장사하는 사장님들 모두 돈 많이 벌어
불우 이웃 노약자 도와주는
가을이 되었으면 한이 없겠다

그리고 또 올가을에는
가진 것 없어도 웃음 웃고
먹을 것 적어도 서로 나누는
풍성한 가을, 행복한 가을, 기쁨의 가을이
됐으면 더욱 좋겠다

그래서 겨울이 오면
노숙자 헐벗어 얼어 죽지 않고
가난한 사람들 배고파
굶어 죽는 이 없어야 할 터인데

'인심은 천심, 백성은 하늘'일진대
권력 싸움 말장난만 하는 위정자들이여

부디 춥고 배고픈 서민들 위해
추운 겨울 연탄불이라도 피워 따뜻하게
지낼 수 있게 해주기를 바랄 뿐이다

# 압록강아! 백두산아! 두만강아!
# 꿈을 깨다오

나 이제야
동방의 정상 백두에 섰다
내려 보니 과연 하늘이 빚은
백의민족의 성지
좌는 압록이요 우는 두만이라
너무 늦은 만남에 별빛 닮은 내 두 눈에
반갑다 감격 이슬이 초롱초롱하기만 하다

발아래 솟구치는 강풍이 거세다
구름 속 간간이 천 길 아래
펼쳐진 천지수 사계절 쉼 없이 흘러
수십 길 장백을 이루고
저 멀리 발해, 연해, 만주 벌판을
유구히 품고 있다

압록강아! 백두산아! 두만강아!
광활한 벌판을 호령하며 달리던 말발굽 소리가
장수왕, 문묘왕의 눈물 뒤에

광개토대왕의 함성이
어찌하여 내 귓전을 때리는가
연길 연변 이도백하 고려인 조선족
우리말 노래하고 춤추는 아리랑 슬프구나

압록강아! 백두산아! 두만강아!
민초의 세월 북풍한설에 잠을 자고
청일, 노일전쟁의 뒤안길에
일제 압박에 나라 잃은 설움에 해방 꿈꾸던
상해 임시정부 모습 연기 속에 그을렸는데
독립을 부르짖던 선혈 핏자국 그리도 선명한데
일송정 용문교의 '조국을 찾겠노라' 다짐 약속이
'죽는 날까지 하늘을 우러러 한 점 부끄럼 없기를
모든 죽어가는 것을 사랑해야지' 하던
윤동주 시비가 있는데
되놈, 오랑케 동북공정 근성이
붉은색 덧칠 하는 때라

그대들은 원통하지 않은가?
후손에 부끄럽지도 않은가?
남에 의해 잘려진 남북 분단의 설움 분할진대
오가지도 못하는데
휴전선 버려두고 당파와 정쟁이라
겨레에 대한 반역이요
멸망의 지름길이리라
이제라도 두 눈 부릅뜨고
제 갈 길을 찾아가라
한마음 한뜻 모아
고려인 조선족 두 번 죽이지 말라

압록강아! 백두산아! 두만강아! 꿈을 깨다오
남북이 하나 되어 우리를 지킬 수 있도록
우리를 살릴 수 있도록 영원무궁 꿈을 깨다오

# 독도여! 하늘의 새 창을 열라

5천 년 역사의 탯줄이 묻혀 있는 곳
7천만 민족의 서기가 용틀임 하는 곳
누가 그대를 외로운 섬이라 했던가
누가 그대를 돌섬 죽도라 했던가

백두와 한라가 두 팔 벌려 동해의 중심에
태고 적부터 심어놓은 대한의 심장을
아버지 나라라 섬겨도 부족한 터에
노략질 일삼던 그들 미친개 짖어대고 있으니

하늘도 놀랄 현대판 해적 섬나라 사람들 근성
이제는 일렁이는 성난 파도소리 자장가 삼아
백의민족 자존심으로 태평양 지키는
이정표 나침판 되어 영원한 혼 불을 불사르리라

대한의 섬 민족의 섬 독도여!
오! 나의 사랑하는 섬 조국의 산하 독도여!
하늘과 땅 바다에 일월성신이 함께하는 독도여!

이제 동해 넘어 태평양 어우르는 대한의 머리로
미래 삶의 터전 밝혀줄 희망의 등불을 켜라
그대 독도여!
우뚝 솟은 기상으로 하늘의 새 창을 열라

## 자! 이제 우리 한라와 백두에 무지개다리를 놓자

자! 우리 이제부터 시작이다
가난해서 허리띠 졸라매고
보릿고개 풀뿌리 연명했던 우리
삼천리강산에 잘 살아보세
피땀 흘린 선열의 공으로
이제 21세기 중반에 서 있다

남과 북 여와 야
참으로 발전을 위한 싸움이었고
투기 모략 질투였음도 알았다
어쩌면 나만 잘 살면 되는
이기심의 연속이었을 것이다

그러나 우리는
새 정치, 새 시대
18대 대선을 맞아 하늘에서 내려준
국운창달의 기회를 맞았던 우리

부정부패 없는 선진 대한민국을 위해
빈부격차 없는 선진 복지국가를 위해
남북분단 없는 통일국가를 위해
두 후보님이 부르짖었던 모든 공약은
상식이 통하는 민중의 소리이었을 터인데

이제
서운함은 통합으로
찢어진 아픔일랑 사랑으로
네거티브는 도덕적 양심으로
용서하고 감싸 안아 단결하자
힘을 합치자 5천만이 하나 되어
7천만까지 어우러지는 한판 축제를 열자

패자가 없고 승자만 있는
우리 모두 축제의 마당에서
반만년 역사 위에
찬란한 문화의 꽃을 피우자
한라와 백두에
오색찬란한 무지개다리를 놓자

# 고독

기뻐해야 할 일이 있어도
기뻐해 주는 이 하나 없고
웃음 질 일이 있어도
미소 지어 주는 이조차 없으니

그것도 멀리 가까이에서
홀로된 심정 어찌 달래볼거나
스산한 바람 불어오는 공원 벤치에 앉아
오가는 이 물끄러미 바라본다
떨어져 나뒹구는 낙엽 한 잎
뚝 뚜둑 떼구루루…

# 4부
# 코스모스

# 이른 봄눈

꽃잎도 함박눈도 아닌 것이
손에 잡힐까 말까 한 모습으로
하늘하늘 허공에서 춤추고 있다

차갑지도 작지도 않은 얇은 꽃가루
동장군 떠날까 그리 아쉬운지
메말랐던 가지에 붙어 녹아들며
얼어붙은 동토의 깊은 잠을 깨운다

실바람 타고 너울너울 춤추는
하얀 꽃가루 어느새
실오라기 하나 걸치지 않고
장독대 옆 매화 꽃망울 살며시
포옹하며 입 맞추고 있다
가는 겨울 아쉽다고

못내 오는 봄이 꽃 시샘을 한다
눈 속 헤집고 튕겨져 불어터질
새싹들의 관현악 반주가 기다려진다

# 인간의 탈

하나의 작은 점이
선이 되고 원이 된다

소우주 우리네 인간
지혜 속 만물의 영장

한낱 잡초도 싹 트고 자라
꽃피고 열매 맺으련마는

기왕 인간 탈 썼으니
사람 도리 다함이 어떠할꼬

# 46勇士의 조용한 喊聲

파도는 바다를 친다
그러나 말이 없다

나라 위해 散華한
忠情의 외침이 死者 魂되어
바다 속 깊이 잠들어 있다

여보! 아들아, 엄마야
아빠야, 동생아, 전우야를 외치며
울부짖던 喊聲들

그대들은
부모 형제 자매의
설익은 잠을 깨웠고
부릅뜬 우리들 선한 눈동자에
피눈물을 적셨다

46勇士여!
지금도
차갑고 어두운 바다 속에서
울부짖는 喊聲은
영혼의 귓전을 때릴 터인데

아직껏 너희 眞實을
찾지 못하고 부끄럽다
너희 있어 우리가 있고
조국이 있을진대
살아서 鬪魂, 죽어서 報國
忠情 약속했을지언데

꽃다운 나이
그렇게 떠나신
그대 46勇士 英靈들이여!
오장육부 똥물 부스러기 훔쳐버리고
아!…
실낱같이 토해내는 조용한 喊聲

가엽다, 부끄럽다
千秋에 恨이 되어라

가슴을 친다
내가 진정 잘못했다 미안하다
容恕하라고 속죄하지만
아빠 엄마 사랑하는 당신
누나야 동생아 슬픈 함성이 있어
우리는 말할 수 없다

46勇士의 넋이여!
바다를 치고 땅을 치고
하늘 향해 소리 질러도
沈默 속에 조용한 喊聲일 뿐

조용히 조용히
잊혀지지 않을 기억 속에
祖國이 永遠하길 바랄 뿐
부서진 天安艦 722號
46勇士의 영령 앞에
容恕를 빌고 책임 다하는
우리 모두 되길 바랄 뿐

作戰에 失敗한 指揮官
용서받을 수 있어도
警戒에 실패한 지휘관
용서받을 수 없다는
敎訓 다시 한 번 되뇌어본다

# 잊혀진 5월의 향기

지는 꽃잎
봄 자락이 섧다

실바람 타고
짙은 꽃 향 흩뿌리던
꽃의 계절 5월이 간다

활화산처럼
터져 나왔던 민중의
함성과 절규가
설레는 사랑으로 다가와

엷은 미소 지으며
행복해했던 우리 민초들
이제는 하늘하늘
바람 따라 구름 따라
세월을 쫓아가고 있다

가쁜 숨소리
실록의 숲 속에 희망을 숨긴다

# 6월이 가기 전에

미워하지 말라
사랑하리라
가슴이 뭉클하다
누굴 위한 환한 미소였던가

형형색색 고운 꽃
촉촉한 초여름 이슬들
검붉은 흑장미 한 송이
아! 황홀한 그리움 아니었나

청록의 숲 속
꾀꼬리 산울림
황금 날갯짓 높다

아아아!
6월이 가기 전에
감동의 계절 6월을 노래 부르자

# 제비 울음소리와 깊은 산속 옹달샘

동녘의 여명이 어둠을
헤집기 시작하고
찌지 배배 찌지 배
찌지 찌지 배배
창밖의 해맑은 제비 식구들
곱게 지저귈 때 나는 설익은
새벽잠 깨어 두 손을 모읍니다

하나님! 감사합니다
감사합니다
오늘도 살아 숨 쉴 수 있음에
밝은 새날을 맞이할 수 있음에
그리고 좋은 하루 시작할 수 있음에

지금까지 죄짓고 살아오며
수없이 받아오기만 했던 도움들
남은 삶 동안 얼마나 베풂으로
보답하며 살아갈 수 있을 것인지

하나님! 용기와 힘을 주소서
새 길 찾아 많은 사랑 은혜 베풀게 해주소서

오늘도
모든 생명 귀히 여기고
세상을 사랑하며 사랑 넘쳐
깊은 산속 옹달샘이 되게 하소서

가는 길 험난해도
남은 삶 얼마 되지 않아도
날이면 날마다
동녘의 아침 햇살
항상 밝게 비춰주소서
매년 봄이면 찾아와 지저귀는
새벽녘 창밖의 고운 제비 울음소리
듣게 하여 주소서

# 재앙을 물리치실 하나님께 올리는 기도

여호와 하나님!
저는 천지를 창조하신 아버지 하나님의
전지전능하심을 믿사오며
구원의 주 예수 그리스도를 믿사옵니다

아버지 하나님!
아버지 하나님께서 지으신 우리 인간은
나약하기 이를 데 없습니다.
자못 질그릇과 같아 깨어지기 쉽습니다
하나님께서 베푸시는 따뜻한 사랑과
보살핌 속에서 살아갈 수밖에 없는
나약한 피조물에 불과할 따름입니다

아버지 하나님!
하나님께서 저희를 지으실 때
하나님 형상으로 만드셨사옵니다
그러나 사탄의 유혹에 빠져
원죄를 짓게 되었고

외아들 예수 그리스도께서
이 땅에 오셔 고난을 받으사
십자가에 못 박혀 죽으시며
그 뜨거운 보혈로 우리의 모든 죄를
사하여 주셨음을 믿사옵니다

그러나 저희들
지금까지 아버지 하나님의
참뜻을 헤아리지 못하고 줄곧
율법과 계명을 어기며 살아왔음을
참회하며 고백하나이다

아버지 하나님!
아버지의 선한 목자이신
주 예수 그리스도를 통하여
어린 양들 항상 잘못을 진실로 뉘우치고
진리의 말씀으로 살아가게 하심에
찬양과 영광을 올리나이다
감사합니다 감사합니다 감사합니다

그러나 아버지 하나님!
아직도 수많은 사람들 씻지 못할
죄악 속에 살아가고 있습니다
저희들이 살고 있는 지구가
온통 혼돈과 고통 속에
방황하고 있나이다
곳곳에 화산이 폭발하고
대홍수 대지진 쓰나미 해일 원자로 폭발
종족 간 전쟁 등으로 수많은 사람들
목숨을 잃고 삶의 터전을 잃고
슬픔과 고통 속에서
평안할 날이 없사옵니다

아버지 하나님!
아버지 하나님은 다 알고 계십니다
이제 그들의 잘못에 진노를 거두시고
죽은 영혼은 하나님 나라에서
영생을 누릴 수 있도록 자비 베풀어주시옵고

가족을 잃고 삶의 터전을 잃은
슬픔에 잠긴 자들에게는
하루속히 슬픔을 치유할 수 있는
크신 은혜와 사랑 베풀어주시옵소서

아버지 하나님!
아버지 하나님은
전지전능하십니다
아버지 하나님은
인자하시며 선하시며 사랑이십니다
주 예수 그리스도는 구원의 주이십니다
뜨거운 보혈은 참사랑이십니다

아버지 하나님!
부디 하나님께 무릎 꿇고
머리 숙여 간구하나이다
그들 중에는 하나님을 믿고 따르는
진실한 종들도 있사오며
믿지 않는 자들이라 하여도
하나님의 은혜로
하나님께 영광 돌릴 수 있는

믿음의 기회를 주시옵소서

하나님 열방의 민족이 모두 다
하나님의 백성이옵니다
이웃나라 일본에도 중동에도
구원의 손길이 불같이 일어나게 해주옵소서
하나님의 말씀에 대한 믿음이
찬양과 축복 속에 불길처럼 춤을 추게 하소서
열방의 모든 민족이 주 예수 그리스도를 믿으며
하나님 성전에 나와 모두 함께 예배하며
영광 올릴 수 있게 하소서

하나님의 외아들 구원의 주 예수 그리스도의
이름으로 축복하며 기도 드렸사옵니다
아멘

# 9월이 오면

9월이 오면
못다 핀 꽃 한 송이
검붉은 피를 토하고
끝내 알알이 익어
어깨춤 덩실 덩실 추리라

폭염 속 소낙비 속에
쌍무지개 다리 놓고
삼복 훔친 길쌈 친구와
황금빛 오색 그림자로
너울춤 덩실 추리라

9월이 오면
어디선가 들려오는
귀뚜라미 소리
쇠똥구리 내 친구 삼아
긴 밤 하얗게 지새우리라

아련한 추억
아름다운 빛깔로
까만 밤 별빛 속에
구름 사이 흐르는 보름달처럼
행복 가득 채워보리라

# 코스모스

약하지도 않은 긴 꽃대롱 끝에
붉은 꽃 분홍 꽃 하얀 꽃이
산들바람에 흐드러지게
방긋방긋 너울춤 춘다

날아갈 듯 쓰러질 듯 꺾어질 듯
한들한들 하늘하늘

넘실대는 바람 따라
흔들리는 가냘픈 모습
영롱한 새벽이슬 곱게 머금고
파란 하늘빛 아래 눈이 부시다

나는 어느새 티 없는 아이
가는 발길 멈추고 여린 손으로
마음속 꽃병 한 아름
꽃 숲에 내가 숨었다

# 이놈의 가을바람

이놈의 가을바람
입추 말복 처서 지나 추석 추분 언덕 넘더니
한여름 뙤약볕 땀 적셔진 삼베 적삼 말리고
푸르던 잎새마저 낙엽으로 벗어 던지게 했다

헛간 처마 위 누런 호박덩이 보기도 좋게
과부댁 궁둥이 닮은 양 속살 드러나게 하고
윙 윙 하늘 높이 나는 고추잠자리
안뜰 마당 고추 멍석 위에 친구 삼아 졸고 있다

흐드러지게 꽃꽃이 피어 있는
오솔길 주변 코스모스
춤추며 마냥 정겹다 하고
실개천 따라 피어난
찬 이슬 흠뻑 먹은 들국화는
짙은 향기로 막혔던 내 코를 뚫었다

건너편 솔숲 향으로 갈참나무 흔들어
우두득 득 득
상수리 밤톨 되어 떨군다
이놈의 가을바람
검푸른 융단 논밭을 황금빛 수의로 입히더니
끝내 무지갯빛 오색 단풍과 농익은 과일로
수채화 한 폭을 그려 내 손발을 묶고
내 눈을 멀게 하였다

태양 따라 고개 쳐든 해바라기
너 잘났다 폼 내지만
묵직한 수수 모가지
장대 높이 치켜 벌서게 하고
힘에 겨워 발아래
붉은 핏빛의 수액을 뿌리고 있다

울퉁불퉁 농토길
바람 따라 달려가는 경운기 소리
덜커덩 덜컹
그 소리 풍년가 반주였으면 좋으련만

이놈의 가을바람 부는 소리
서민의 소리 주름살도
펴주었으면 좋겠다

# 가을밤

나도 몰래 바람이 서늘하여
열린 창문에 턱 받혀 세우고
까만 밤하늘을 쳐다본다

어디선가 가까이 들리는
풀벌레 소리 정겹고
흐르는 구름 사이 별빛이 높다

동구 밖 개 짖는 소리
잠 깨어 구름 속 초승달 따다
같이 놀자 하고

으스름 구름에 숨어
가끔씩 얼굴 내민 희미한 별들
깊은 밤 나를 붙들고 있다

# 우리는 지금 천하지대본

농촌 장자방과 상머슴을 울리고
빈부의 쌀통을 쏟아 엎지르며
촛불에 물대포까지 쏘면서
북핵이니 좌니 우니
신앙의 자유마저 서로 짓밟고 있다
그래서 그냥 말없이 떠나가고 싶다

별들아
너희는 말 좀 해보려무나
우리는 만경창파 우주의 바다에서
등대처럼 묵묵히 방향을 알려주는 북극성이 있고
수많은 별들이 유유히 흐르는 은하수가 있으며
유독 혼자 가는 길이 외로워
실눈썹 닮은 초승달마저 따라가는 샛별도
그리고 잠시 나타났다 사라져간 유성도 있다고…

나는 묻고 싶다
그리고 침묵과 비난
소통과 재회의 진실을 보고 싶다

늙은 쇳덩이도 녹일
대 자연의 위대함과 경이로움 앞에
더욱 작아질 수는 없는가

'대한민국'이
꿈과 희망을 노래하며 미소 짓도록…
북극성, 삼태성, 오리온좌, 카시오페이아 별
별들이 보인다, 별들이…
캄캄한 밤에도 별들은
우리를 지켜보고 있다

# 5부
# 감사하는 마음

# 사랑의 기도

일순간 살아온 삶
불꽃이 불꽃 위에 피었던
밝은 빛 한순간의 나날들

천만 억겁 인연이
그리도 길지는 않았지만
하늘을 밟고 거꾸로 서서

찬송과 감사기도 속에
온유한 사랑 받아
소망과 희망, 기쁨 찾았네

밤새워 흘린 눈물
수많은 나날들
뜨거운 심장, 차가운 머리로

죄인 된 내 삶
주 닮지 못해 서러워
보혈의 피, 사랑 음성 좇아
지금 흘리는 눈물
사랑의 기도여, 기도여!

# 하얀 가슴아

순백의 바탕 위에
그 무엇을 담으려는가
차라리 순백 그대로이기를 일렀거늘
내가 감내할 수 없는

슬픔도 기쁨도
고통과 환희
미움과 사랑도
티 한 점 구분 없이
까맣다 못해 끝내는
하얗게 타버렸는가

청결하고 순수한 고귀함이여
자로 잴 수 없는
너만의 넓고 깊음이여

잔잔한 바다 위에
세찬 파도가 인다 해도
항상 머물고 있을 가슴이기에
내 진정 너만을 사랑하리라

수많은 꽃 중에
하나의 들꽃이어도
항상 행복해할 가슴이기에
내 진정 이 생명 다하도록
너를 사랑하리라

네가 있기에 내가 있고
내가 있기에 너 또한 있음이여
영원한 빛과 삶의 정표여

검다 못해 하얗게 타버린 가슴
너무나 텅 빈 가슴
그도 모자라 뻥 뚫린
하얀 가슴이었던가

소낙비 그친 후
찬란한 햇빛 속에서도
영롱한 무지개 띄울 그 가슴
하얀 가슴이기에

내 너를 사랑하리라
내 진정 너를
너를 사랑하리라

# 그리움(2)

까만 밤하늘에
유유히 흐르는 조각달

텅 빈 내 가슴에
그대의 그리운 얼굴 묻고

나 홀로 외로운 이 밤
고독이 밀려와

앞산 소쩍새 울음소리로
지는 달 따라가며 울었습니다

# 가는 세월

세월 따라 흘러가는 인생사
덧없이 가는 곳은 하나이건만
구름 따라 이는 바람 잠잘 날 없네

바람 따라 구름 가듯
희, 로, 애, 락, 일장춘몽인 것을
가는 세월 그 누가 잡을 수 있을까

## 감사하는 마음

보이지 않는 곳에서라도
아주 작은 일에서라도
하늘 우러러
한 점 부끄럼 없다면
나는 나 위해 족하리라

홀로 비친 내 그림자에게
내 옆 스치는
한 떨기 바람에도
한 점 부끄럼 없다면
나는 나 위해 더욱 족하리라

오늘 살아 숨 쉬며
좋은 하루 맞으니
이 얼마나 좋은고

나, 나를 위해
감사하는 마음으로 살리라

# 때늦은 고백

수많은 사람 중에
내 곁에 잠시
눈이 머물다 간 사람
혹시나 나를… 하고
몇 날 몇 밤을
뜬눈으로 새웠습니다

새벽별 타고 오실는지
초승달 따라 소식 주실는지
오늘도 유리창에 서린
성에 지우며 깊은 밤
어두운 하늘만 보고 있습니다

여럿이 함께했던
짧은 만남의 시간들
서로가 행복해하며
모자란 아쉬움뿐이었지만
이제와 거짓이라도

밀려오는 파도처럼
가까이 올 것 같은
당신을 잠시라도
사랑했었나 봅니다

# 회한의 눈물

헉헉대며 살아온 길
앞만 보고 달려온 길
겨우 찾은 곳 한 뼘 남짓

시원한 바람 탁 트인 시야
긴 여정 끝 반 토막 한숨
육신은 오르지 못할 하늘
썩어질 몸 눈앞인데
아쉽다 흐르는 회한의 눈물

아직 찾지 못한 내 자리 어디
그리도 못 버릴 것 많다든가
그리도 베풀 것이 없다든가
아무리 웃어도 웃음이 없는
슬퍼 슬퍼도 눈물이 없는
그러나 가슴속 뜨겁게 흐르는
회한의 눈물 눈물 눈물

# 어항 속 금붕어

참 자유 잃은 자유
어항 속 금붕어
거울 속에 비친
살아온 내 모습

깨트리자
벗어 던지자
과거는 지나온 자리
미래는 내가 갈 길

머언 뒤안길보다
오늘 훨훨 날 수 있음 좋으련만

어항 속 금붕어 하늘을 날다

# 가을 향기 속으로

맑은 하늘 소슬바람 잠자리 떼
마당에 널린 고추 호박 꼬지
마루 기둥 매달린 옥수수

섭리인지 산과 들, 계곡
온갖 색깔로 물들고
오곡백과 황금빛 들녘에 묻혀
보는 이의 발길을 잡고 있다

실바람 타고 흔들리는
가냘픈 코스모스
국화 꽃 향기에 취해
해바라기 꽃 속에 검게 타고

가지마다 매달린 열매들
힘겨워 몸살하지만
밀짚모자 눌러쓴 농부님들
하얀 이 내밀며 미소 짓는다

상강 지나 눈 오고 바람 차 지면
모든 결실들
잎새마저 훌훌 던져주겠지

아낌없는 베풂과 희생
가을이 주는 참사랑이던가

# 고향 집 달그림자

주방 앞 살며시 찾아온 달그림자
열린 창틀 너머 그 빛이 정겹다

창밖 구름 속 스치는
쟁반 같은 보름달 휘영청 밝다

고향 집 정자나무 푸른 잎
사이사이 속살 비추며
뒷방죽에도 또 하나 밝은 달 떠 있겠지

미처 서산 넘지 못한 밝은 달
엷은 구름 뚫고
성긴 대추나무 가시 끝에 찔려
하얗게 파르르 떨고 있구나

고향 떠나온 길 잃은 나그네
달그림자 벗 삼아
지는 달만 바라보고 있다
고향 집 앞마당에도 밝은 달빛 비추겠다

## 허물(빈 껍데기)

내가 어머님 뱃속에서 태어날 때
가지고 나온 것은 아무것도 없소
맨주먹 불끈 쥐고 그냥
울부짖었을 뿐이라오
지금까지 희로애락 겪으며
살아온 것 신통하지 않소?
그러니 이제 곧 떠난다 해도
아무런 미련이나 서운함이 없다오

내가 가지고 있는 것은 허물
빈 껍데기밖에 없소
이제 내가 해야 할 일은
그 허물을 벗는 것이라오
그런데 그 허물마저도
제대로 벗어버리고
떠날 수 있을지 모르겠소
오늘도 살아 숨 쉬고 있음에
하늘에 감사할 따름이라오

그만 욕심 덩어리 두터운 허물 벗고
가진 것마저 되돌려주며
나방처럼 훨훨 가볍게
하늘을 날아갈 수 있기를 바랄 뿐이오

# 석양이 강물에 누워

사는 날 햇살같이
밝기만 바랐었지

자주 물결 일고
마파람도 불던 것을

그나마
좋은 벗들과
함께했던 은총의 날

겹겹 산 너머 너머
접어둔 숱한 사연

하루가 저무는
시간의 강가에서

석양이
강물에 누워
함께 흘러가자고 하네

# 해 지는 겨울 바다(변산 격포 해수욕장)

지는 태양 수평선 위에 동그랗게 붉다
쟁반 하나 허공에 거꾸로 매달린 모습
엷은 구름 사이 비추는 노을이 황홀하기만 하다

보는 이 가슴을 탁 트인다
신선한 해풍은 코끝을 스치며 머물고
오염된 머릿속 한순간 씻기어진다

한가롭기만 한 하얀 백사장
모래 위의 연인 발자국 소리마저 조용하다
끝없이 펼쳐진 넓은 바다
한 마리 새가 되어 어디로든 날아가고 싶다

지는 태양의 몸부림
밀려오는 어둠에 고개 떨군다
남긴 그 자리 여운만 남아 검붉은 핏빛이다

들려오는 파도소리 처얼썩 처얼썩
멀리서 왔다 물거품만 남기고 진다
점점이 켜지는 해변 가로등 불빛
한 무리 갈매기 떼 하늘 길 찾아 날아가고 있다

# 6부 수필 여행기

# 추석 지난 고향 길목에서

나는 고향 하면 어머님 품속과 같은 포근함과 아련한 그리움이 머릿속을 스쳐 지나간다. 이는 제가 나서 자란 곳이라서 그런지 아님, 제 조상이 오래 살던 곳이어서 그럴 것이다.

어릴 적 앞동산 뒷동산 하며 진달래를 따고 이 골목 저 골목을 헤매며 동네 어귀 정자나무 아래에서 자질구레한 그릇 등을 가지고 음식을 만들며 살림살이하는 흉내를 내던 짓하며… 코 흘리게 소꿉친구들이 그리워서인지도 모른다. 그러나 나는 요즈음 그 속에 사는 많은 사람들이 옳으니 그르니 발버둥 치며 살아가는 형상을 자주 볼 때가 있다(정의와 공정을 따지며 부정과 불의를 일삼는 작태들).

하늘 아래 자연의 이치는 변하는 것이 없고 우주를 형성하고 있는 모든 원리는 조화를 이루며 생명을 잉태하고 서로 사랑하며 살아가고 있을 뿐인데….

이는 기본과 상식을 잊고 살아가는 데서 기인한 모습들이리라. 원자폭탄을 개발하고 수소폭탄을 터트린다 한들 폭풍우, 무더위, 엄동설한이 과연 세상을 변화시킬 수 있을까?

많은 시간, 어떠한 역사가 변한다 해도 그것은 수없이 많은 피조물 중의 하나인 사람들이 살아가는 방편을 좇고 있을 뿐인데….

얼마 전 우리는 민족의 2대 명절 중 하나인 추석을 보내면서 고향을 다시 생각하는 계기를 가져보았다. 벌초를 하고 송편을 빚고, 성묘를 하면서 서로 오가며 환한 얼굴로 서로를 반기며 인사하면서 가장 가까이 있는 가족의 소중함을 알았고, 친구들의 귀중함을 알았으며 고향 선후배님들이 있기에 내가 있음도 알았을 것이다. 그리고 고향이 있기에 나의 삶이 행복하다는 것을, 그리고 나의 위치가 존재하고 있음을 알았을 것이다.

우리는 흔히 스스로를 만물의 영장이라 칭한다. 그러면서도 자기 혼자 똑똑하고 자기 혼자 잘나고 자기 혼자 많이 가졌으며 자기 혼자 많이 배운 것처럼 어리석은 짓을 하고 있는 것을 볼 때가 있다.

그렇게 잘나고 똑똑하다면 내게 주어지는 어떠한 상황과 어려움도, 역경도, 고통도, 슬픔도 통제할 수 있는 능력 즉, 지혜가 있어야 하고 주변의 은혜에 보답할 수 있어야 하며 가진 자는 없는 이에게 베풀고 슬픔과 고통을 가진 자에게는 사랑을 심어주어야 한다. 그러나 그렇게 하지도 못하면서 과연 똑똑한 사람, 잘난 사람이라 칭할 수 있단 말인가? 그것은 자기 스스로를 가장 바보스럽게 만들 뿐이고 흉물스러울 뿐이다.

흔히 이름 내기 좋아하는 사람들, 아흔아홉에 하나 더 공짜로 더하려 하지 말고 지난 삶을 반성하며 전체 다수를 위한 무한대로 펼쳐질 희망과 비전을 꿈꾸며 살아갈 수 있게 하는 고향 사람들이 되어 진정 고향을 빛내고 고향을 발전시키며 고향 사람들을 사랑할 것이라 다짐해 보자.

봄에 뿌렸던 씨앗들이 싹을 틔운 지 벌써 수개월. 이제 뙤약볕 폭염 속에 알알이 익어 오곡백과가 황금빛으로 물들여가며 지금까지 베풀어준 자연에 감사하며 고개를 숙여 가고 있다. 검푸르기만 하던 청록의 이파리들도 얼마간 지나면 오색 단풍 되었다가 낙엽 되어 부는 바람에 홀연히 떨어질 것이다. 우리 모든 사람들 저승길 입고 가는 수의에 호주머니조차 없음을 기억하자.

행복한 진안을 고향으로 가진 모든 분들 다시 한 번 고향을 진정으로 사랑해 주시기를 기도드릴 뿐이다.

# 진도 문학 기행을 마치고

- 2012. 4. 14.

핸드폰 알람소리에 잠을 깨어보니 아침 6시, 벌써 창가엔 동녘의 새벽빛이 환하게 스미고 있었다.

늦은 새벽기도를 하면서 오늘도 살아 숨 쉼에 그리고 좋은 하루를 맞이할 수 있음에 감사드리고 오늘의 의미 있는 전북 문인협회의 전남 진도 기행에 하나님의 축복과 무사 은총을 기원하였다.

늦겠다는 아내의 독촉에 주섬주섬 옷을 챙겨 입고 벙거지 모자에 운동화 차림으로 아내의 전송을 받으며 현관문을 열고 지하 주차장 승용차에 몸을 실었다.

막상 집을 나서니 20~30m 앞을 내다볼 수 없을 정도의 짙은 안개가 자욱했다. 비상 깜빡이를 켜고 집결 장소인 전주 종합경기장으로 향했다.

도착해 보니 출발시간 5분 전, 그곳에 모인 분들과 반가운 인사를 나눈 후 1호 차에 올랐다. 옆 자석은 노년의(83세) 수필가 정장영 선생님이셨다.

잠시 후 일행을 태운 버스는 출발하였다. 차량마다 사전 임명된 안내 도우미 네 분의 인사 소개가 있었다. 우리는 첫 번째 목적지인 진도대교까지 이동하는 동안 휴게소 두 곳에 잠시 정차하여 중간 휴식을 취했다. 이동 간식으로 제공된 삶은 밤 네 알과 백설기 등을 맛있게 먹었다.

차창을 통해 멀리 보이는 산등성이는 아직도 찢긴 부챗살처럼 사이사이에 하늘 틈이 보이고 가까이 스치는 들녘은 남쪽으로 내려갈수록 푸름을 더하고 있었다.

골골이 암갈색 속에 희끗희끗 피어 있는 산벚꽃과 도로변 가로수로 심어진 만개한 흰 분홍색 벚꽃이 노랗게 핀 개나리꽃과 조화를 이루고 있었다. 한식일이 지난 산 곳곳에서는 조상의 묘를 손질하는 모습도 보였다.

들르는 휴식처마다 겨우내 움츠렸던 동장군이 물러난 뒤끝이라 희뿌연 안개 속에서도 보는 곳마다 형형색색의 꽃숲으로 아름다움을 느끼게 하였다. 간간이 지나치는 저수지나 바닷물은 파도 없는 잔잔함으로 장시간 지친 나의 눈꺼풀을 내려 깔게 하기에 충분하였다.

목적지인 진도대교에 도착하니 진도군청 문화관광과와 협조된 해설사 한 분이 우리 일행을 반갑게 맞아주었다. 그는 지역 내 문화관광 명소에 대한 해박한 지식을 가진 전문가답게 역사적인 유래에서부터 전해져 오는 전설에 이르기까지 입담 좋게 우리 일행에게 정성을 다하여 소개해 주었다.

진도는 현재 1개 읍 6개 면으로 되어 있으며 고려~조선에 이르기까지 참사 이상 유배자 수가 157명에 이르렀으며 한양과 가장 멀리 떨어져 있던 남쪽 끝 전형적인 유배 섬이었고 제주도, 거문도에 이어 우리나라에서 3번째로 큰 섬이라 했다. 이 섬에 들어오기 위해 가장 먼저 도착한 진도대교는 전라남도 해남군 문내면과 진도군 군내면을 연결하는 다리로 길이 484m, 너비 11.7m인 왕복 2차로의 한국 최초 사장교이다.

1980년 착공하여 1984년에 완공하였으며, 충무공 이순신 장군의 명량대첩으로 유명한 울돌목 해협 위에 세워진 다리라는 점에서 의미가 깊다. 이 해협은 해류가 거세어 당시 국내 기술력으로는 해상 구조물 시공이 어려워 영국 RPT사에 설계 및 감리를 의뢰하였다. 진도대교는 양쪽 해안에 교대와 교각 등 하부 구조를 설치한 후 콘크리트 교각 위에 높이 69m의 강제 주 탑을 세우고 케이블로 교량 상판을 지지하는 모습이다.

이 연륙교의 개통으로 진도에서 광주까지 4시간 걸리던 차량 운행이 2시간 30분으로 단축되어 수송비 절감은 물론 지역 발전의 기초가 되었다. 그리고 2001년 12월부터 4년간 길이 484m, 너비 12m의 2차 진도대교를 개통함으로써 쌍둥이 사장교가 되어 장흥 댐을 수원으로 하는 광역 상수도 관이 통과하게 되어 진도 지역의 식수난 해소에 크나큰 기여를 하고 있다고 한다.

교량 옆에서 그 웅장함과 아름다움을 보면서 "신에게는 아직도 12척의 함선이 있나이다" 하며 왜선 200여 척과 싸워 적선을 괴멸시킨 대승을 거둠으로써 풍전등화 앞의 조국을 살려낸 이순신 장군이 더욱 위대함을 느끼지 않을 수 없었다.

아쉬운 짧은 시간의 재촉을 뒤로한 채 일행은 점심식사를 위해 진도읍으로 향했다.

일행은 진도읍에 도착 후 시내 중앙쯤에 위치한 식당에서 비빔밥을 먹고 밖으로 나와 멀리서 불어오는 바다 냄새의 상큼함을 느끼면서 다시 버스에 올랐다.

운림산방에 가는 도중, 진도군청사 옆에 위치한 소전 미술관에 잠시 들렀다. 이곳은 사업비 5억 원을 투자하여 2003년 5월 31일 소전(손재형) 선생 탄신 100주년 기념에 맞추어 소전 미술관으로 개관한 곳이다.

이곳에는 추사 김정희 이후 서예 대가인 소전 손재형 선생의 작품과 그를 위해 작업한 국내 거장들의 작품이 전시되어 있어 남도문화의 새로운 자랑거리로 자리매김하고 있다. 특히나 소전 미술관에 전시된 작품들은 소전 선생의 유족들이 소장하고 있던 부친의 평생 역작과 소전 선생을 위해 국내 거장들이 심혈을 기울여 그린 그림들을 진도군에 기증한 것으로, 노산 이은상의 시비문 등 손재형 선생의 주옥과 같은 작품과 그림 300여 점을 교대로 전시하고 있어 남도문화의 진수를 맛볼 수 있는 곳이었다.

제1전시실에는 선생의 청년시절 작품이, 2전시실에는 문인화, 3전시실에는 장년시절의 작품이, 4전시실에는 양지니, 서희환, 박행보 등 제자들의 작품과 의재 허백련 선생 등 거장들의 작품이 전시되어 있어 나는 연방 카메라 셔터를 눌러댔다.

이동하는 버스 안에서 해설사는 진도아리랑의 유래와 노래 속 흥겨운 가락은 멋을 간직한 애절한 한이 깃들어 비애를 사랑으로 승화시킨 남도 민요의 진수로 일컬어진다고 하였다.

진돗개의 유래설과 관매리에 있는 18m 높이의 후박나무, 임회면에 있는 600년 된 비자나무가 약재로써 뿐만이 아니라 생물학적 보존 가치가 크므로 천연기념물로 지정 보호하고 있다는 말도 해주었다.

드디어 운림산방에 도착하였다. 해설사의 말대로 '봉황포란형'의 지세답게 아늑하고 포근함이 밀려오는 듯한 높은 첨찰산을 뒤에 두고 둥글둥글한 두 봉우리의 작은 안산을 옆에 끼며 나지막하게 자리하고 있는 운림산방, 과연 깊은 산골에 아침저녁으로 연무가 '운림'을 이루었을 것이고 '연화부'를 지었던 소치의 사상으로도 운림이라는 당호가 걸맞았을 것이었으리라는 말에 공감하였다.

이곳에서 소치는 미산 (허형)을 낳았고 미산은 이곳에서 그림을 그렸으며, 의재 허백련이 미산에게 처음으로 그림을 익힌 곳이기도 하다. 초대 : 소치(허유 또는 허련) -2대 : 미산(허형) -3대 : 남농(허건)과 임인(허림) -4대 : 임전(허문)에 걸쳐 찬란한 전통 화맥을 이어준 한국 남화의 본거지임을 알 수 있었다.

전통 남화의 성지라 할 수 있는 운림산방은 조선조 남화의 대가인 소치가 말년에 거처하던 화실의 당호로 일명 '운림각'이라 했던 곳이다.

소치는 스승인 추사 김정희가 붙여준 호로 이름은 허련이었으나 후에 허유로 개명하였다. 자는 마힐이다. 소치는 1808년 진도읍 쌍정리에서 허각의 5남매 중 장남으로 태어나 1893년 86

세의 나이로 세상을 떠난 서화가이다. 어려서부터 그림에 재주가 있어 28세 때부터 두륜산방의 초의대사 밑에서 공재 윤두서의 화첩을 보면서 그림을 익히기 시작하였다.

33세 때 초의선사 소개로 추사 김정희 밑에서 본격적인 서화 수업을 받았으며 비록 낙도에서 태어났으나 천부적인 재질과 강한 의지로 시, 서, 화에 능하여 40세 되던 1847년 7월 낙선재에서 헌종을 만날 수 있었고, 헌종이 쓰는 벼루의 먹을 찍어 그림을 그렸는가 하면 흥선대원군, 권돈인, 민영익, 정학연 등을 비롯한 권문세가들과 어울리면서 시를 짓고 글을 쓰며 그림을 그렸던 분이다. 1856년 추사 선생이 세상을 떠나자 고향인 진도로 내려와 자연경관이 아름다운 첨찰산 아래 쌍계사 남쪽에 자리를 잡아 집을 짓고 화실을 만들어 여생을 보냈다.

운림산방 앞에 있는 연못은 한 면이 35m가량 되는데 그 중심에는 자연석으로 쌓아 만든 둥근 섬이 있고, 여기에 소치가 심었다는 백일홍 한 그루가 아직은 피지 않은 채 다소곳이 서 있었다. 눈앞에 펼쳐진 모습을 보면서 나는 시, 서, 화, 창에 능했던 소전을 비롯한 소치 가족들, 보는 사람이 보기 좋아야 한다 하여 서도를 서예라 칭하고 그림에 토를 달지 않았던 지혜, 황토 흙으로 일본 시재전에서 토점화로 이름을 떨쳤던 창조적 화법 등을 연결시켜 볼 때 가히 거명된 모든 분들의 모습을 상상하였다.

소치에 대해 민영익은 '묵신'이라 했고, 정문조는 여기에 시를 더하였다 하여 '삼절'이라 했으며, 추사 김정희는 중국 원나라 4대 화가의 한 사람인 황망공을 '대치'라 했는데 허련을 그와 견줄만하다고 하여 '소치'라 칭한 것에 대해 이해하면서 깊은 감명을 받았다.

운림산방을 뒤로하고 버스에 오르기 전 매표소 내에서 판매하는 소치 허련 선생 탄생 200주년을 기념하기 위해 발간한 화집 한 권을 5만 원에 구입했다.

버스는 다음 코스인 용장산성으로 움직이기 시작했다. 벚꽃이 만개한 아스팔트길을 따라 조금은 외곽지역이다 싶은 산골짜기를 지나고 넘어 삼별초군의 한이 서려 있는 대몽 항쟁 터인 용장산성에 도착하니 4시 40분이었다.

용장산성은 원형이 사라진 상태였으며 성지가 부분적으로 남아 성내의 용장사지와 행궁지가 보존되어 있을 뿐이었다. 그러나 전시관에는 몇 점 되지는 않지만 당시의 유물을 발굴 보존하고 있었고, 삼별초군의 마지막 대몽 항쟁지로서의 역사적 의미를 잘 기록하고 있어 이해하기가 쉬웠다. 발견된 12km 이상 되는 성터에 걸쳐 결사 항쟁했던 그들, 어린아이까지 포함한 모든 남자를 죽여 씨를 말리려 했던 몽고군의 잔학상에 대해 다시 한 번 치를 떨 수밖에 없었다. 그리고 제주도까지 점령당할 수밖에 없었던 왕조의 나약함과 끝까지 굴하지 않고 항쟁했던 삼별초군의 충성심이 눈앞에 보이는 듯했다. 다시 한 번 강성한 자주국방과 안보의 교훈을 되새기는 계기가 되었다.

일행은 삼별초군의 동상 앞에서 기념사진을 촬영한 후, 마지막 코스인 '이 충무공 벽파진 전첩비'를 향해 이동하기 시작했다. 해는 뉘엿뉘엿 서산에 걸쳐 땅거미가 일기 시작할 즈음에야 전첩비 견학을 마칠 수 있었다.

전첩비는 반반한 바위 동산 위에 거대한 거북 좌대를 조각하여 그 위에 높이 3.8m, 폭 1.2m, 두께 0.58m의 비석을 세워 놓은 후 다시 그 위에 높이 1.2m, 폭 1.2m, 길이 2.1m 크기의 머릿돌을 올린 모습이다. 시비는 노산 이은상 시인이 정유재란 당시 이 충무공에 의해 가장 통쾌한 승리를 거둔 명량해전 승첩을 기념하여 시를 짓고 이 고장 출신 서예가 소전 손재형 선생이 썼다는 점에서 문화 교육적 가치와 예술적 가치가 충분히 있는 전첩비이다.

전첩비를 마지막으로 살펴본 우리 일행은 도보로 해변가 가까이 내려와 대기 중인 버스를 타고 전주로 돌아가기 위해 처음 도착지였던 진도대교 쪽으로 향했다. 진도대교에 다다르자 도우미님들께서 사전에 준비한 찰밥과 김치 그리고 구운 김으로 허기진 배를 채울 수 있었다. 진도여행을 무사히 마치고 특산품 가게에 들러 자연산 돌미역과 다시마, 홍주 등을 구매하는 일행도 있었다. 돌아오는 동안 일행 모두 잠에 취해 있었다. 전주에 도착하니 저녁 8시경이었다.

나는 오늘의 여행에서 배운 산지식이 새로운 창작의 의미 있는 봄 향기와 함께 지속되기를 기대하였다.

# 백제 문화 고도육성을 위한 선진지 답사기(중국 편)

- 2013. 1. 30

**여행 첫째 날**

고도육성 아카데미 교육생 스물세 명은 익산시청 직원 두 명, 전북문화재연구원 세 명과 함께 3박 4일간 국외 선진지 답사를 위해 새벽 2시 25분에 관광버스에 몸을 싣고 인천공항을 향해 출발하였다.

금마면 사무소에서 대기 중이던 일행을 모두 태운 후, 공항 가까이에 있는 식당에 들러 김치찌개로 아침 식사를 하였다. 공항의 F영역에서 화물 수송과 출국절차를 마친 후 게이트 130에서 동방항공사 소속인 중국 민항기에 몸을 실었다.

기내에서 김용준 총리 임명자의 5일만의 자진낙마 기사를 보고, 한국 고위층의 부정부패와 도덕적 양심에 씁쓸함을 느끼며

애석하게 생각하였다. 그리고 나로호 3차 발사 성공을 기원하는 기도를 하며 쌓인 스트레스를 풀어야만 했다.

9시 30분경에 기내식으로 볶음밥을 먹고 밀려오는 졸음을 참지 못해 곧 깊은 잠에 빠져들었다. 잠시 졸았나 싶었는데 비행기는 어느새 상해(상하이) 포동공항에 들어서고 있었다. 입국 수속 후 화물을 찾아 공항 밖으로 나오니 가이드 최찬일 씨와 일행을 태울 버스가 대기하고 있었다. 우리는 그 버스를 타고 상해 시 한 변두리에 있는 중국식당으로 가 점심을 먹었다.

식사 후 상해의 랜드마크라 불리는 동방명주(東方明珠) 탑을 구경하기 위해 서둘러 이동하였다. 이 탑은 세계에서 세 번째, 아시아에서는 최고의 높이를 자랑하는데 순수한 중국 자본과 기술로 1991년 7월 착공하여 94년 10월에 완공한 468m의 TV 송신탑이다.

263m와 350m에 있는 전망대를 고속 엘리베이터로 오르고 보니 주변을 감싸고 흐르는 황푸 강과 상해 시가 한눈에 내려다보였는데 실로 장관이었다.

지금은 상해가 국제적 상업도시로 유명하지만 우리에게는 우리 민족의 독립성과 합법성, 정통성을 상징적으로 나타낸 대한민국 임시정부 청사가 있던 역사적인 도시이기도 하다. 우리는 임시정부의 의미를 기리기 위해 그곳을 둘러보기로 하였다. 지금은 초라한 주변 환경 속에 파묻혀 허술하지만 한민족의 애국적 함성이 뜨겁게 용트림 치고 있음을 가슴속 깊이 느꼈다.

임시정부 청사의 영구 보전과 성역이 개선발전되기를 바라는 마음으로 12만 원(한화)을 기부함에 넣었다. 당시 그곳 근무자로부터 감사장을 받아 부끄러운 생각이 들어 추억에 남을 사진 몇 컷을 촬영하기도 하였다.

**여행 2일차**

6시에 잠자리에서 일어나 간단한 샤워와 식사를 마친 후 타고 온 버스를 이용하여 9시경에 소주(쑤저우)에 도착하였다.

예부터 "하늘에는 천당이 있고 땅에는 소주와 항주가 있다"라는 말이 있을 정도로, 소주는 자연 경관이 뛰어난 곳이다. 양쯔강 삼각주 평원 위에 자리한 소주는 동양의 베니스라는 별칭이 붙여질 정도로 정원과 물로 대변되는 중국 남방의 대표적인 도시이다. 이러한 자연환경으로 인해 송에서부터 명에 이르기까지 많은 정원이 만들어졌는데 지금은 10군데 정도가 복원되어 외부에 개방되고 있다고 한다.

우리는 이 중 명나라 시대의 졸정원(拙政園)을 견학하기로 하였다. 입구에 들어서자마자 출입문의 웅장함과 조각물로 이루어진 중국 남방의 고전 원림 건축예술에 놀라움을 감출 수 없었다. 졸정원은 소주 관광의 핵심이라 할 수 있는 크고 아름다운 정원으로 북경의 이화원, 승덕의 피서산장, 소주의 유원 등과 함께 중국의 4대 명원으로 꼽힌다. 정원 면적은 약 5만$km^2$로 그 가운데 5분의 3이 호수로 동, 중, 서원 세 구역으로 나누어 고풍스럽게 지어졌다.

이곳은 원래 당나라의 시인 육귀몽의 집으로 지어졌는데 원대에는 대광사로 바뀌었다. 명나라 때 어사 벼슬을 지낸 왕헌신이 중앙에서 뜻을 이루지 못하고 고향에 돌아와 칩거할 때 절을 사들여 개축하여 개인 정원으로 바꾸었다. 정원의 핵심이라 할 수 있는 곳은 중원으로서 그곳에는 원향단을 비롯하여 향주, 견산루, 파산랑, 비파, 해당, 파초가 빽빽이 들어선 비파원 등의 건축물이 적절히 배치되어 있었다. 정원을 꾸민 조형물과 구간구간을 이어주는 통로바닥과 계단, 벽면, 특히 휴지통과 돌멩이, 기왓장 하나하나에 이르기까지 당시 그네들의 삶이 살아 숨 쉬는 듯 복원되어 있음을 보고 백제 고도문화 복원 방향을 제시해주는 좋은 사례를 견학할 수 있음에 감사하며 우리도 할 수 있다는 자신감이 생겼다.

우리 일행은 다음 일정 때문에 중국 강남의 대표적인 원림작품을 시간에 쫓겨 두어 시간 만에 견학을 마칠 수밖에 없었다. 아쉬움을 남긴 채 주원장이 쌓았다는 남경성(南京城)으로 향했다.

남경성은 주원장이 장수 시절, 국가가 패망의 위기에 처했을 때 황제에게 충성의 징표로 만들어 바쳐 승리를 가져온 성이다. 성을 둘러보는 내내 성곽의 웅장함과 크기에 놀라지 않을 수 없었는데 게다가 성의 설계나 축조 과정에서 구워 만든 흙벽돌 하나하나에 만든 시기와 만든 사람의 이름을 새겨넣음으로써 책임감을 갖게 하는 치밀함도 엿볼 수 있었다.

외성 둘레를 따라 넓은 해수호를 연결, 하나의 성문을 통해서만 내부로 출입할 수 있게 하였다. 평상시에는 외성과 내성 사이의 공간을 식량을 저장하는 창고로 사용하였으며, 적이 공격할 시에는 적을 유인하여 3천 명까지 그 공간에 가두어 '항아리' 내의 적을 몰살시키는 방식으로 전쟁을 함으로써 난공불락의 승리를 보장할 수 있었음에 감탄하지 않을 수 없었다.

우리는 다시 소주에서 5km 떨어진 곳에 위치한 소주의 상징 호치우를 향해 이동하였다. '호치우'는 호구(虎丘)와 같은 말로써 원래 이름은 해용산(海涌山)이었는데 호랑이가 웅크려 앉아 있는 모습과 비슷하다고 해서 호구라 이름 붙여졌다 한다.

호구에 이르러 해발 356m의 높이에 위치한 호구묘와 호구 탑으로 향하는 동안 짙은 연무 속에 비를 맞으면서도 이를 마다하지 않고 열심히 걸어가며 사진을 찍는 모습에서 일행 중 어느 한 사람도 힘든 기색을 찾을 수 없었다. 나이를 잊어버린 것일까.

검의 품질을 시험해 보기 위해 시험 삼아 잘랐다는 전설이 있는 시검석(試劍石)을 살펴본 후, 춘추시대 오왕 합려를 연못 아래 안장하면서 관 속에 검 3천 개를 함께 안장한 후 묘의 위치를 비밀에 부치기 위해 묘지 작업에 동원했던 천여 명의 공부를 죽여 붉은 핏물이 물들여져 있다는 넓디넓은 암반 광장을 올라서야 호구묘를 볼 수 있었다. 오왕 합려와 명검 3천 개가 있다는 호구묘 위로 지금도 용솟음치듯 거센 샘물이 휘돌아 치고 있는데, 뒤편 암벽에는 호구검지(虎丘劍池)라는 큰 글씨가 붉은 색으로 새겨져 있었다. 가이드 말에 의하면 네 글자 중 호구 두 글자를 도둑맞아 검지 글자체를 본떠 지금의 네 글자로 새겨넣었다고 한다.

계단을 따라 얼마를 더 오르니 40m 정상부위에 47.5m 높이의 호구탑이 있는데, 세계 7대 불가사의의 하나인 피사의 탑처럼 우측으로 기울어져 있었다. 이는 호구탑 밑에 있는 합려의 무덤이 침하하고 있어서 그렇다 하여 보수공사를 통해 안전에 문제가 없도록 하였으나 탑 내의 출입은 금지하고 있는 상태였다. 이것을 보자 익산 미륵사지 서탑(西塔)도 해체하지 않고 보수할 수는 없었을까 하는 아쉬운 생각이 들었다.

중식 후 공자 동상이 있는 천지궁에 들러 '향교대성전'이라 새겨진 곳을 견학하게 되었다. 내부에 들어서니 일반 사찰의 대웅전처럼 불상이 모셔져 있었으며 그 당시 사람들이 입었던 의복을 포함한 장신구, 도자기, 집기, 생활모습 등이 진열 전시되어 있었다. 군데군데에 기념품 판매장이 있어 관광객들이 특산품을 쉽게 구매할 수 있었다.

비가 추적추적 내리는 가운데 상가가 밀집해 있는 곳에서 30여 분간 쇼핑을 하고 나니 시간은 어느새 밤 8시를 가리키고 있었다.

밤늦게 저녁식사를 하고 숙소인 남경으로 가는 도중 가이드가 대륙문화에 대한 이모저모와 중국에 대해 해박한 지식을 풀어놓았다.

중국의 영토는 우리나라 국토 면적의 100배에 달하며 인구는 14억 명으로, 52개 소수민족으로 나누어져 있는데 한족이 주도권을 가지고 있다고 한다. 대륙 중앙을 가로지르는 2,800km 길이의 양쯔강이 범람하면 중원평원의 3분의 2가 침수하므로 대홍수 발생 시 전군에 동원령을 내려 필사적으로 보호한 일이 있었다고 한다. 중국에는 역대 38명의 황제가 있었는데 그중에서 유일하게 거지 신분에서 황제가 된 사람이 주원장이라는 것도 알려주었다.

내일의 일정계획이라는 소리를 끝으로 깊은 잠에 빠져들었다. 숙소에 도착하고 보니 시계는 밤 11시를 넘어가고 있었다. 함께 편성된 룸메이트와 함께 배정된 호실에 들어서자마자 샤워를 하고 잠자리에 들었다.

**여행 3일차**

8시 30분경에 숙소를 출발, 남경 박물관으로 향했다. 백제 성왕(523~554) 재위 때 양나라로 보낸 사신의 신분과 복장, 그리고 백제를 설명하는 데 귀중한 사료가 되는 양직공도가 있는 곳이기에 견학하고자 하였으나, 이동 중 박물관이 개보수 공사 기간이라는 통보를 받아 할 수 없이 남경시립 박물관으로 발길을 돌렸다. 그런데 도착해 보니 설상가상으로 그곳 또한 리모델링을 하고 있어 헛걸음을 한 셈이었다.

하는 수없이 최완규 연구원장님의 안내로 주연묘를 방문하기로 하였다. 그러나 그곳도 개발 중인지라 현장 접근이 어려워 울타리 밖에서 개발 중인 외형상의 모습만 눈으로 확인하고, 원장님의 강의를 청강할 수밖에 없었다.

아쉬움을 뒤로한 채 석상 정원을 견학하고 근처 식당에서 점심식사를 마친 후, 손문가의 가족사와 일대기를 알 수 있는 전시실을 보았다. 그리고 마안산에 위치한 주연묘를 견학하기로 했다.

그곳에 도착해 보니 하나의 능이라고 하기에는 이해가 되지 않는 부분이 있었다. 큰 공원을 조성해 놓은 듯한 모양으로 몇 개의 성문 같은 출입문을 지나 맨 끝에 능이 있겠지 하고 끝까지 들어가 보았으나 능은 끝내 보이지 않았다. 그러나 마지막 벽에 "묘의 위치는 알 수 없으나 이 산 어디엔가 있다"라는 문구가 벽에 새겨져 있음을 보고 그곳의 풍수지리학 상의 산새만을 살펴보고 뒤돌아올 수밖에 없었다.

한식으로 준비된 저녁식사를 마친 후 지친 몸으로 상해 서커스를 구경하였다. 여러 가지 기교 중 둥근 구 안에서 오토바이 5대가 질주하는 모습은 보는 이로 하여금 식은땀을 흘리게 하는 묘기 중 묘기라 감탄사가 절로 나왔다. 과연 기네스북에 오를 만큼의 환상적인 연기였다.

서커스 관람을 마친 후, 상해 시 중앙을 흐르는 황푸 강에서 유람선을 타고 상해 시의 야경을 보면서 중국의 무한한 가능성을 느낄 수 있었다. 그리고 세계가 중국을 주시하고 중국으로 모여들고 있음도 느낄 수 있었다. 한국 제품들이 야경을 수놓는 찬란한 불빛의 수많은 간판 중에 당당히 어깨를 겨루고 있는 것을 보며 세계 속 한국의 위상을 실감할 수 있었다.

금번 고도문화 선진지 답사가 어떠한 결과로 맺어질지 기대하면서 숙소에 도착 즉시 지친 몸을 씻은 후 여행 가방을 정리하고 마지막 잠자리에 들었다.

**여행 마지막 날**

여행 마지막 날을 맞아 일행은 숙소에서 9시에 출발하여 남방 정원 양식의 대표이자 중국 정통 정원인 예원으로 향했다.

예원은 상해 시 동남쪽에 위치한, 소주의 4대 정원과 함께 강남 명원으로 손꼽히는 곳이다. 예원은 16세기의 중국을 대변하는 상해에서 완공하는데 무려 20년 가까운 시간이 소요된 세밀하고 웅장한 정원이다. 항상 연무가 끼어 있지만 비가 오면 더욱 운치가 있어 관람하기 좋은 장소이기도 하다.

이 정원은 명나라 관료였던 반윤단이 부모를 기쁘게 해드리기 위해 북경의 황궁정원인 이화원을 본떠 만든 것으로, 황제만 쓸 수 있는 용 문양을 조각할 때 용의 발가락을 한 개 더 만들어 역적으로 몰릴 위기를 면하였다고 전해지고 있다. '愉悅老親'이라는 현판이 있는데 이는 '부모님을 즐겁게 해드리다'라는 의미를 갖고 있다고 한다. 정원 안에는 40여 개의 정자가 있는데 그중 예원 입구에 있는 차관 호심정이 가장 유명하여 항상 관광객이 넘쳐 예원 담장을 안쪽으로 들여 100년 전부터 누구나 즐겨 볼 수 있도록 개방하였다고 한다.

이곳에는 다양한 종류의 독특한 기념품과 전통공예품, 먹거리를 파는 시장이 성황을 이루고 있었다. 우리 일행은 예원 견학을 마치고 인접해 있는 전통시장에서 30분가량 쇼핑을 하였다. '동보인'이라는 한약매장에 들러 보이차를 구입하였으며 공항으로 가는 도중에는 상해 박물관에 들러 목도리와 스카프를 사기도 하였다. 공항 인근의 창고 같은 건물 내부에서 많은 사람이 참깨를 구입하기도 하였다.

공항에서 출국절차를 밟은 후 기내에 탑승하여 귀국하는 도중에도 중국의 묘장 문화가 백제 부여무열왕릉과 연관성이 있으며, 남조의 하나인 양의 원제 재위 기간에 각국에서 조공하러 온 사신의 모습을 태수인 소역이 그린 양직공도에 나타나 있는 백제인의 의복과 용모, 또한 주연묘에서 출토된 채색청자기와 청자반구대를 비롯한 청자양, 청자호자, 청자향로 등 50여 종의 부장품이 몽촌토성에서 발굴된 것과 유사한 점 등은 당시에 왕성했던 백제와의 교류를 확인하는데 의심의 여지가 없었다. 그래서 이번 고도 선진지 답사에서는 '살아 있는 백제 고도문화 육성'에 자신감을 가지고 인천국제공항에 2월 2일 도착함으로써 마무리 지었다.

아무튼 값진 답사였기에 감개가 무량할 따름이다. 같이 동행한 모든 분들의 열정과 자기희생을 통한 지속적인 홍보만이 살아 숨 쉬는 고도 금마마을 육성에 대한 성공의 지름길이 있으리라 부언하는 바이다.

(2013년 2월 3일, 전근표 씀)

# 베트남·캄보디아 여행기

**여행 첫째 날**

일상을 잊은 채 며칠 전부터 준비해 온 베트남, 캄보디아 여행길에 올랐다.

출발하는 날씨가 서울 16도, 익산은 13도로 우리나라 동절기 기온 중에서도 비교적 추운 날씨였다

흘러나오는 라디오 심야뉴스를 들으며 새벽 2시 30분경에 아내가 태워다주는 승용차를 이용, 시청 앞에 도착하였다. 이미 그곳에는 관광버스가 대기하고 있었고 버스에는 여행을 함께할 분들이 대부분 좌석에 앉아 있었다. 일행과 반갑게 인사를 나누며 비어 있는 자리에 앉았다. 출발 예정시각은 3시 30분이었는데 한 분이 늦는 바람에 4시가 되어서야 출발하게 되었다. 모두 새벽잠을 설쳤는지 곧 깊은 잠에 빨려드는 모습이었는데 나는 모처럼의 해외여행이라 쉽사리 잠이 오지 않았다. 인천공항 근처

의 한 식당에서 간단한 아침식사를 마친 후 공항에 도착, 출국수속을 밟았다. 관광회사 사장님이 직접 가이드 역할을 해주어 비교적 쉽게 마칠 수 있었다.

드디어 11시 10분, 비행기는 캄보디아의 씨엠립 공항을 향해 날기 시작하였다

얼마 후 나는 입맛에 맞지 않는 기내식 치킨라이스와 오렌지 주스를 먹었고, 지루함을 떨쳐버리기 위해 창문을 통해 눈 아래 펼쳐진 뭉게구름과 무한대로 높은 하늘의 푸른 공간을 보면서 잠시 사색에 잠겨보기도 하였다. 그런데 비교적 조용하기만 하던 기내에서 다급하게 의사를 찾는 안내 방송이 나오는가 싶더니 승객 중에 진통제나 지사제를 가지신 분이 있으면 도와달라는 것이었다. 나는 일상 먹고 있는 약 중에 혹시 해당되는 약이 포함되어 있지는 않은지 약을 챙겨가지고 안내 방송실로 급히 가보았다. 그곳에 중년 여성 한 분이 뉘어져 있었고 의사로 보이는 승객 한 분이 그 환자를 보살피고 있었다. 나는 챙겨간 약을 보이며 여기에 혹시 진통제나 지사제가 섞여 있을지 몰라 가지고 왔다고 하니 약을 살펴보던 의사 선생님은 "이 약에는 필요로 하는 지사제는 없군요" 하는 게 아닌가. "아 그래요. 지사제가 포함되었더라면 좋았을 텐데…" 하면서 환자가 빨리 회복되

기를 바라면서 자리로 돌아오는 수밖에 없었다.

환자는 장에 탈이 난 모양이었는데 감기 몸살 약을 가지고 갔으니 다시 생각해 보니 어이가 없었다는 생각이 들었다.

오후 4시 25분, 비행기는 씨엠립 공항 활주로에 안착하였다. 씨엠립 공항의 규모는 그리 크지 않았지만 매우 한적하고 아름다웠다. 공항 내에 근무하는 직원과 화단의 잡초를 뽑고 있는 삿갓모자 쓴 까무잡잡한 아주머니들 모두 순진하고 정다운 모습이었다. 나는 그들에게서 풍기는 순수함과 소박함이 마음에 와 닿아 그 모습을 카메라에 담았다. 우리 일행은 타고 왔던 비행기에 재차 탑승하여 베트남 하노이 공항으로 가야만 했기에 섭씨 30~40도의 대합실에서 40여 분을 기다려야 했다. 정확하게 40분 후 타고 왔던 비행기에 탑승, 6시 정각에 베트남 하노이 공항을 향해 씨엠립 공항을 이륙하였다. 캄보디아 국토는 한반도의 남북한을 합친 면적보다 약간 작다고 하는데, 하늘에서 내려다보이는 캄보디아의 검푸른 대륙은 우기를 맞아 많은 비가 내려 여기저기 강물이 범람하여 수많은 논밭과 가옥이 침수된 모습이었다.

드디어 7시 30분에 하노이 공항에 도착하였다. 비행기 트랩에서 내려 베트남 땅을 밟는 순간, 이곳이 바로 나의 동료들이 피

흘려 죽어가며 싸웠던 곳이구나 하는 생각에 숙연해졌다. 지금은 평화롭지만 예전에는 서로를 죽이던 살벌한 그 전쟁터에 다시 오니 새삼 평화통일에 대한 열망과 감개무량함을 느낄 수 있었다. 비교적 간단한 출국수속을 마친 후 공항 대합실로 나오니 현지 가이드 두 명이 나와 피켓을 들고 우리를 반갑게 맞이해 주었다. 버스에 탑승하자마자 대부분 장시간 피로에 쌓여서인지 졸음 아닌 깊은 잠에 빠져들었고, 현지 가이드의 설명을 듣는 이는 몇 사람에 지나지 않을 정도였다. 나는 버스 안에서도 내내 안케패스의 영웅과 귀신 잡는 해병, 천하무적 맹호부대 그리고 후방 지원과 복구 대민 지원 임무를 맡았던 비둘기 부대, 호치민 루트에 의해 고엽제까지 살포하면서 전쟁을 이끌던 미군이 패배하고 철수할 수밖에 없었던… 이 모든 기억들이 주마등처럼 머릿속을 스쳐 지나갔다.

미국의 목적 없는 불분명한 전쟁에 그들의 용병으로 수많은 고귀한 장병들이 피를 흘려야만 했던, 힘없는 약소국의 설움이 국가 발전의 초석으로 변화된 지금에야 그들이 흘린 피가 얼마나 값진 충정이었던가 하는 생각에 가슴이 뭉클해졌다.

우리는 9시 40분쯤 가이드가 안내하는 한식당에 들러 신선한 야채에 돼지고기 삼겹살을 곁들인 된장찌개 백반으로 허기진 배를 채웠다. 또다시 버스를 타고 3시간 이상 소요되는 고속도로를 이용, 하롱베이까지 이동하였다. 하롱베이로 이동하는 동안 가이드는 다음과 같은 이야기를 실감 나게 해주었다.

베트남 하면 가장 먼저 떠오르는 것이 있는데 첫째는 월남전, 둘째는 아오자이, 셋째는 호치민, 넷째는 라이 따이한이라 했다. 특히 월남전은 미국이 통킹 만 장악과 자원 확보를 위한 빌미를 스스로 만들어 손쉽게 승리하리라 생각하고 무조건 감행했던 전쟁이었다. 그러나 승리에 어둠이 깔리자 한국전쟁 시 참전국으로서 각종 원조를 해주었다는 이유로 한국군까지 용병화하여 전쟁에 참여케 하였다. 미국은 끝내 고엽제까지 살포하였지만 호치민의 전통적인 전략전술에 녹아 스스로 패배를 인정하고 베트남에서 철수를 함으로써 기나긴 전쟁은 막을 내렸다.

S자형 몸매에 스치듯 내려뜨려 입은 베트남 처녀들의 의상인 아오자이와 미국의 폭탄 세례와 고엽제 살포에도 땅굴을 이용해 싸운 호치민의 전략전술, 그리고 단결된 국민정신과 일심동체로 전쟁을 승리로 이끈 호치민 영웅을 빠뜨릴 수 없으며, 전쟁 와중에 파견된 산업 근로자와 일부 군인들의 애정 행각의 산물로 태어나 종전 후 어머니와 아버지의 생이별로 탄생하게 된 라이 따이한과 그들이 겪고 있는 비참한 실상들을 의미 있게 얘

기해 주었다.

베트남은 국토 길이가 1,370km로 북부, 중부, 남부로 나뉘며 지역별 계절차가 심하다고 한다. 연중 추위를 느낄 때에도 맨발에 오토바이나 자전거를 주 교통수단으로 이용하고 전 지역에 난방 시설이 없는 것이 특징이라 했다. 국민의 80% 이상이 불교신자이며 가톨릭 11%, 기독교 6%, 나머지는 도교를 믿는다고 하는데 기독교의 선교 활동은 불가능할 정도라고 한다.

약 2주 전에도 베트남 정부는 부정부패 관료와 애인에게 변심한 자, 유통기한이 지난 식품 판매업자, 부동산 투기업자 4명을 시내 한복판에서 총살형을 집행한 일이 있었다고도 한다. 이 이야기를 듣는 순간, 싱가포르의 리콴유 수상이 부정부패를 없애기 위해 범법자에게 즉결처분도 불사했던 것처럼, 부정부패가 만연한 우리나라도 부정부패 범법자에게 강력한 처벌을 내리면 어떨까 하는 생각이 들었다.

나는 감히 이 글을 통해 몇 가지를 주장하고 싶다. 남에게 조금이라도 해나 누를 끼치지 말자. 무엇이 필요한가를 물어 필요한 것이 있다면 필요한 것을 주고, 어렵다면 어려운 일을 함께 해결하려 노력하고, 아픔이 있다면 서로를 보듬고 쓰다듬어 주며 고통은 위로하고 슬픔은 서로 나누어갖자고.

1인당 GNP가 높고 좋은 시설과 설비, 문화 공간이 좋다고 한들, 부익부 빈익빈 양극화가 심각한 상태하에서 상위 5%가 전체 경제지수 85%를 차지한다면 하위 95%는 15%라는 삶의 지수 속에 허덕이며 살아가야 하는데 그들의 삶이 어떻게 행복하다 할 수 있을 것인가. 세계적 복지국가인 핀란드는 부자가 세금을 많이 내고도 오히려 감사해하는, 모든 국민이 평등원칙에 의해 노후까지 복지가 보장되는 국가이다. 이러한 나라가 진정 모든 사람들이 살고 싶어하는 나라 아니겠는가.

전 국민이 잘사는 복지 국가의 머릿돌, 주춧돌을 심어 역사와 전통 앞에 떳떳한 위정자로서 후손 만대에 길이 빛나게 할 '우리'가 되었으면 좋겠다. 국가는 국민의 마음을 편하게 해주는 안식처가 되어야 한다.

베트남에는 자원이 풍부하여 쌀과 고무·광석·석유까지 생산되고 있으나 근로자의 월평균 임금이 한화 10만 원 수준으로, 빈부 격차가 심하여 상위 20%가 국가 경제를 좌지우지하고 있다고 한다. 그러나 거리에 거지가 없는 것과 남자는 빈둥빈둥 놀고 여자가 일한다는 것은 이해하기 어려웠다. 그들의 영웅 호치민은 죽을 때까지 소형 3칸 집에서 1식 3찬하며 가족의 연을 끊어가면서까지 청렴하게 살았고, 오직 국민만을 위한 정치를 하였으며 죽어가면서 "내 시신마저도 남기지 말라. 태워 남은 재는 남북 산야에 뿌려 달라"고 하였다는 이야기를 듣는 순간, 우리나라 위정자들이 표본으로 삼아야 할 대상이라 생각하였다.

가이드는 참고하라며 월남말로 '신짜우'는 우리말로 '안녕'이란 말이고, '신따먼'은 '고맙습니다'라고 가르쳐주기도 하였다. 이러는 사이 일행을 태운 버스는 11시 50분 하롱프라자 호텔에 도착하게 되었다. 체크인 후 룸메이트인 익산시 문화원장 김복현님과 함께 방에 들어 샤워를 하고 시계를 보니 새벽 2시를 가리키고 있었다. 한국에서부터 24시간을 지나온 지라 몸이 피곤하여 "안녕히 주무세요"라는 인사만 나눈 채 곧 바로 잠자리에 들었다.

**여행 2일차**

다음 날 아침 7시 알람소리에 잠을 깨어 2일차 일정에 들어갔다. 간단히 샤워를 하고 나니 피로가 풀린 듯하여 간편복 차림으로 2층 식당에 내려가 일행과 함께 식사를 하고 프런트에 내려가니 가이드가 미리 와서 대기하고 있다가 당일 일정계획을 알려주었다. 오늘의 일정은 호텔에서 버스로 5분 거리에 있는 하롱베이 선착장으로 11시 20분에 출발하여 그곳에서 유람선을 타고 섬들을 해상 관광하면서 수상가옥과 섬들 중 천궁이 있는 석회암 동굴 섬을 구경한 후, 점심은 바다고기 회로 선상 식사를 하며, 소형보트로 007영화 촬영지인 무릉도원을 구경하고 쾌속정으로 많은 섬들을 관광한 후 유람 선상에서 간식을 먹고 즐기다가 호텔로 돌아오는 길에 발 마사지를 하고 피톤치드 판매 상가에도 들르며 저녁은 한식당에서 자연산 야채에 삼겹살로 식사를 한 후 호텔로 복귀할 계획이라고 하였다.

시간이 되어 일행은 초가을 날씨에 맞는 옷차림에 간단한 소지품, 여권, 카메라 등을 챙겨들고 기다리는 버스에 올라탔다. 버스에 타고 보니 긴팔 셔츠에 긴 바지를 입고 모자에 비상 상비약까지 챙겼지만 왠지 카메라 비상 배터리가 부족할 것 같아 마음에 걸렸다. 선착장까지 이동한 우리는 매표소에서 입장권을 단체로 매입한 후 승선 검표를 받고 지정된 유람선에 올랐다.

하롱베이는 국내에서도 절경인 곳으로 유명해 그 유명세를 익히 알고 있었지만 유람선에 승선하기 전부터 우리의 시선을 사로잡기에 충분하였고, 압도적인 매력에 감탄사를 연발하지 않을 수 없었다.

나는 인생 정년이 가까이 다가오고 있어서 그런지 과거를 일상처럼 생각하며 홀로 있을 때면 나에게 하는 말이 있다. "물을

하롱베이

바라보며 산을 바라보며 별을 바라보며 살리라." 이러던 내가 잔잔한 바다 물속에 우뚝우뚝 솟아 있는 하롱베이 섬들을 바라보면서 나의 일상의 생각이 여기에 미치지 못하고 있었음을 깨닫지 않을 수 없었다. 인생은 참으로 짧다. 그러나 자연은 유구하다. 물은 나이 들수록 낮은 곳을 찾아 흐르고 산은 나이 들수록 생명력이 넘치는 풍성함으로 포용하고 감싸며 베풀고 별은 어두운 밤일수록 밝게 비추어 희망을 갖게 해주지 않는가.

영화가 무엇이며 성공이 무엇인가. 그리고 인간은 대체 무엇이란 말인가. 다시 한 번 생각해 보지 않을 수 없었다. 앞으로 얼마 남지 않은 나의 인생길, 어떻게 사는 것이 행복하게 사는 길이란 말이더냐 되묻고 또 되물어 보며 3,000여 개의 섬들 중 220여 개 섬들밖에 구경할 수 없다는 아쉬움 속에 우리는 기암절벽과 절벽 사이사이 자라고 있는 나무와 숲을 보면서 선상 관광을 만끽하였다. 155마일 철조망 넘어 구름과 바람, 온갖 새들도 자유로이 넘나드는데 같은 민족이면서도 오갈 길 막혀 화려한 금수강산 가까이 찾지도 못하는 우리네 현실을 생각하면 눈물만이 앞을 가릴 뿐이다.

일행은 가이드의 안내에 따라 어느 한 섬에 내려 천궁 관광을 하게 되었다. 그곳은 우리나라 단양의 고수동굴이나 제주도에 산재되어 있는 것과 유사한 천연 석회석과 용출암으로 생성된 동굴로, 형형색색의 불빛에 보이는 신기함과 아름다움, 기이함, 웅장함으로 연신 카메라 셔터를 누를 수밖에 없었다.

천궁 동굴은 월남전 시 호치민이 숨어서 작전지휘하던 곳으로, 미군 폭격기 조종사가 폭격 명령을 받았으나 너무나 아름다워 폭격할 수 없었다는 일화가 전해 내려오는 섬이라고 하였다. 동굴 구경을 마친 일행은 다시 유람선에 승선하여 수상가옥을 구경하기도 하고 선상 횟집에 들러 구입한 바다고기 회를 준비해 간 음식과 함께 먹으며 간단한 선상 쇼핑도 하였다. 그리고 주변 섬들이 비교적 잘 보이는 관망대 섬에 올라가 사방 전경을 바라보니 한눈에 내려다보이는 모습은 장관 그 자체였다.

관망대 섬에서 하산한 우리는 노를 젓는 소형 보트를 타고 해수면과 동굴 천장이 낮은 동굴을 통과하여 007영화 촬영지를 보게 되었다. 그 내부에는 물결이 잔잔한 광활한 호수 같은 바다의 일부가 사면이 하나의 절벽으로 둘러싸인, 말 그대로 무릉도원을 연상케 하는 곳이었다. 생각지도 않은 원숭이 떼와 까마귀 떼가 서식하고 있었고, 코끼리 상·불꽃상 등 기암괴석으로 빚어진 모습은 007 제임스 본드 영화에서 본 듯한 연인들의 로맨스를 상상하면서 즐길 수 있는 아늑하고 아름다운 바다호수였다. 우리는 이곳에서 노를 젓는 바람소리 물소리마저 산울림 되어 돌아오는 실제 모습 속에서 다 같이 고함을 질러 되돌아오는 메아리 소리를 들어보며 '봄날은 간다'는 노래를 합창함으로써 삶의 고통 속에서 누구나 느낄 수 없었던 삼매경에 빠져보기도 하였다.

아쉬움을 뒤로하고 처음 승선했던 선착장으로 나와 버스를 타고 피곤해진 몸의 피로를 풀기 위해 '발마사지 하우스'로 이동하여 약 30분간 마사지를 받았다. 그리고 피톤치드 치약, 비누 등을 판매하는 판매장에서 특산품을 사고, 우리나라 단군 신화와 같은 용을 주신으로 하는 베트남의 신화를 역사화한 전통민속문화를 극화한 수상인형극을 관람했다. 한식당으로 이동하여 자연산 야채와 삼겹살이 겸비된 녹색 쌀밥을 맛있게 먹은 후 11시경에 하롱프라자 호텔에 도착하였는데, 사진사가 중간 중간 촬영했던 사진을 각기 찾은 후 11시 30분에야 룸에 돌아올 수 있었다. 짧지만 긴 하루였다. 많은 것을 보고, 느끼며, 배웠던 의미 있는 통일 관광 여행이었음을 하나님께 감사드리며 샤워를 하고 잠자리에 들었다.

**여행 3일차**

오전 6시 모닝콜 알람 소리에 일어나 살아 숨 쉬고 있음에 그리고 좋은 새날을 주심에 감사하며 오늘도 아버지 하나님의 인도하심에 예수님의 삶을 닮아가도록 해주십사 하는 아침기도를 드렸다. 샤워를 간단히 하고 가방을 꾸려놓은 후 지정된 식당에 내려가 아침식사를 하였다. 1층 프런트에 장식되어 있는 매화나무와 금귤나무가 눈에 띄어 가이드에게 물어보니 베트남에서 연초에 축하 선물로 가장 많이 사용하는 나무로, 다산 다복이라는 의미가 있다고 알려주었다.

오늘은 일명 '바딘광장'이라는 호치민 광장으로 이동하여 호치민이 묻혀 있는 영묘를 살펴보고 살아생전 죽기 전까지 생활했

호치민 영묘

던 생가와 국보 1호 사원인 '한 기둥 사원'을 둘러본 후, 하노이의 '누이 바이 공항'으로 이동하여 다시 늦은 밤중에 캄보디아 씨엠립 공항으로 이동, 앙코르 센추리 호텔에 여장을 풀게 된다는 일정을 가이드로부터 들었다.

호텔 앞에 대기 중인 버스에 여행 가방 등을 실은 일행은 8시 30분쯤 하노이 시티를 향해 출발하였다. 입담 좋은 가이드는 자신이 베트남에 유학 와서 살게 된 사연부터 시작하여 베트남에 대한 설명을 풀어놓기 시작하였다. 베트남은 국토 면적이 한반도의 약 1.5배 크기로 7,600만 명의 인구가 살고 있고 수도는 하노이로 월남 전쟁 후 전쟁을 승리로 이끈 호치민에 의해 낙후된 경제와 전쟁 후유증을 경제개방과 정치·경제·사회운용에 관한 개혁을 지속적으로 시행하고 있으며 1995년 미국과의 국교 정상화는 물론, 1992년 12월 22일 한국과 베트남 수교가 이루어져 1993년 호치민 시에 총영사관이 개설되어 있다고 설명해 주었다.

종교의 자유가 보장되어 있고 유교 문화권에 속하면서도 우리나라나 일본에 비해 가부장적 요소가 약하며 남녀 평등의식이 강하나 아직도 거주 이전의 자유가 없고, 여자는 16세만 되면 무조건 '라노' 모자를 쓰고 논밭에 나가 일을 하나 남자는 놀고먹는 성향이 있다. 그리고 고속도로 상에는 중앙선 개념이 없이 버스, 택시, 오토바이, 자전거, 우마차까지 같이 이용하여 혼잡하며 오침문화가 있고 대머리가 없으며 집집마다 국기가 게양되어 있다. 중국을 제일 싫어하며 커피와 고무, 쌀 등이 주산이고 쌀은 세계 2위 생산국이라는 설명도 해주었다. 또한 라이 따이한의 비참한 생활에 대한 이야기를 다시 한 번 해주었다.

가이드가 이런 저런 이야기를 하는 사이 피곤함에 못 이겨 조는 사람도 있었으나 나는 한 가지라도 더 알고자 호기심 속에 그가 하는 말에 귀를 기울이며 수첩에 기록하느라 정신이 없었다.

오후 1시 15분에 우리를 태운 버스는 하노이에 도착하였다. 하노이에 도착한 나는 버스에서 내린 후 씨클로를 타고 시내 구경을 하면서 오토바이 행렬, 전통시장, 결혼하는 모습 등을 카메라에 담았고 호치민 박물관에 들러 베트남의 역사와 호치민 생가 모형, 애용품, 편지, 혁명과 관련된 것, 그리고 독립과 통일에 관련된 것들을 살펴볼 수 있었다. 점심을 거른 채 바딘광장이라 일컫는 호치민 광장에 도착하여 은갈색의 대리석으로 된 사각형의 웅장한 건물인 호치민 영묘를 볼 수 있었다.

넓은 광장 주변에는 황금색으로 도색된 베트남의 주요 관청들이 비교적 규모 있게 지어져 있었고, 광장 곳곳에는 세계 여러 나라 관광객들이 카메라 셔터를 연신 눌러대고 있었다.

나는 이곳에서 베트남 국민들이 왜 호치민을 영웅시하는가를 알 수 있었다. 그가 살아생전에 얼마나 청렴결백하고 오직 국가와 백성만을 사랑하면서 자기를 버렸는가를 생각할 때 우리나라 관료들도 이러한 호치민 정신을 이어받으면 얼마나 좋을까 하는 생각을 잠시 해보았다.

어려운 민초들의 어깨를 어루만지며 함께 눈물 흘리고 부모는 물론 형제자매지간에도 분명한 선을 그어 부정부패를 멀리한 사례하며, 죽거든 화장하여 재를 조국의 남과 북 산야에 뿌려 달라 했던 유언, 그리고 그가 죽기 전까지 살아왔던 13평 남짓의 생가, 1식 3찬을 손수 지어 먹었던 주방, 어린아이가 누울 만한 나무침대, 그리고 즐겨 쓰던 메모지와 필기구 등을 보면서 통일시대를 바라보는 우리에게 중요한 교훈을 주고 있음에 충분함을 느끼지 않을 수 없었다.

기도하면 득남한다 하여 많은 사람들이 찾아와 기도하는 한 기둥 사원을 보며 '아버지, 저 모든 사람들의 기도를 들어주시어 세계가 평화롭게 살아가는 역사를 보여주시옵소서' 하고 마음속으로 기도하였다.

일행은 호치민 광장의 이모저모를 살펴본 후 춘하추동이란 식당에서 돌솥밥을 시켜먹고 라텍스 상가에 들러 베개, 침대, 방석 등의 제품을 구입하기도 하였다.

캄보디아로 출국하기 위해 베트남의 누이바이 공항에 일행을 태운 버스가 도착한 시간은 7시 40분이었다. 일행은 급히 서둘러 출국수속과 간단한 출국심사를 마친 후 비행기에 탑승, 9시 15분에 누이바이 공항을 출발하여 1시간 10분이 지난 10시 25분에 캄보디아 씨엠립 공항에 도착하였다. 캄보디아 입국심사를 마치고 화물 여행 가방을 찾아 공항 밖으로 나오니 11시. 예나 다름없이 여행사 버스와 캄보디아 안내를 맡을 새로운 가이드가 일행을 반갑게 맞아주어 피곤함을 잠시 잊을 수 있었다.

일행은 새로운 버스를 타고 북부 시아모니에 있는 식당에 들러 늦은 저녁식사를 마친 후 앙코르센추리 호텔에 여장을 풀었다. 우리는 누구라 할 것 없이 피곤함에 지쳐 있었다. 나는 그 사이 여행 관련 기록을 간단히 정리한 후, 따뜻한 물을 받아 몸을 담그니 잠이 나도 몰래 도둑처럼 몰려와 재빠르게 침대 위로

몸을 던졌다.

**여행 4일차**

8시 30분 모닝콜 알람 소리에 잠을 깼다. 아침기도에 이어 샤워를 한 후 어젯밤 정리하지 못한 여행가방을 정리하고 호텔 레스토랑으로 내려가 늦은 아침식사를 간단히 하였다. 식사한 후 룸에 올라가 긴팔 셔츠에 콤보 바지를 입고 카메라와 주요 소지품을 챙겨 프런트로 내려오니 버스가 곧 출발하려고 하고 있었다. 버스에 타자마자 새로운 가이드의 인사와 함께 캄보디아 왕국에 대한 설명을 하기 시작하였다.

캄보디아 국토 면적은 남한의 약 2배에 달하고 수도는 프놈펜이며, 2004년에야 내전이 종료된 나라로 일명 킬링필드, 죽음의 땅이라 불린 나라이나 자원이 풍부하고(최근 석유 생산국), 자연식 무농약으로 유명하다. 2001년 훈센 총리가 방한하여 2030년까지 쌀 생산지로 임대계약까지 체결한 나라로 우리나라와의 관계는 매우 밀접한 상호 우호적인 국가라 하였다. 기후는 우기(3~10월)와 건기(11~3월)로 나뉘며, 가장 더운 달은 4월로 최고기온 섭씨 43도까지 올라가고 가장 추운 달은 최저섭씨 15도까지 내려가는데, 우리나라가 2월 가장 추울 때 이곳은 초여름 날씨에 해당하여 만약 이때 여행을 온다면 반팔과 반바지를 준비해야만 한다고 하였다. 사람들의 성격도 온화하여 내전이 일어나기 전에는 '미소의 나라'로 불렸다고 하였다.

90년대 들어 서로 총부리를 겨눠왔던 정치 세력들이 UN 감독하에 1993년 5월 총선을 거쳐 신정부를 구성하고 입헌군주제를 채택하여 비동맹 중립외교 노선을 표방하는, 친서방 외교를 중시하는 나라로서 우리나라와는 농업 분야에서 괄목할 만한 친교를 맺고 있는 나라라고 하였다.

종교는 불교가 국교로 지정되어 있으나 1975년부터 1979년까지 크메르루즈 군에 의한 3,000여 개의 사원 파괴와 8만여 명의 승려가 살해당한 아픔을 지니고 있으며, 소수민족은 힌두교와 이슬람교를 믿고 있는데 프랑스 지배의 영향으로 지식층은 기독교를 믿는 등, 종교의 자유가 보장되어 있는 나라라고 설명해 주었다.

민족 구성은 90%가 크메르인이며 중국계, 베트남계, 참 무슬림 등 10%의 소수민족으로 이루어져 있으며, 국민의 80%가 1차 산업인 농업·임업·산림업에 종사하고 있다고 하였다. 가이드의 캄보디아에 관한 해설을 귀담아듣는 사이 씨엠립의 앙코르 와트에 도착하였다. 앙코르 왕국은 '후남국' 당시 이곳에 살던 뱀 신과 인도 왕자가 결혼하여 살면서 건설한 왕국이라 전해진다. 캄보디아에서 네 번째로 큰 도시인 씨엠립은 1860년 프랑스의 '앙리무오'가 발견할 때까지 화려했던 유적들이 정글 속에 버려져 있을 정도였으니 변변한 역사 기록이 있을 리 없다.

상황이 이러다 보니 과거 중국의 '주달본'이라는 학자가 쓴『길라출품기』를 현재 캄보디아 역사서로 대용할 수밖에 없음도 이해할 수 있었다. 이에 의하면 씨엠립은 9~15세기 초반까지 앙코르 제국의 수도로 인도차이나 반도의 정중앙에 있다 하여 우주의 중심으로 믿어졌던 도시였다. 그런데 그 화려했던 모습이 현재의 모습이라니… 힘없는 민족의 패망 역사의 무상함과 허무함을 동시에 느끼지 않을 수 없었다. 다른 사원들이 동쪽을 향해 있는 반면, 앙코르 와트 사원은 서쪽을 향해 있어 발견 초기에는 '죽음의 사원'이라 불리기도 했으나 그 후 태양과 달의 움직임을 관측하는 천문대 역할을 했음이 밝혀져 우주의 변화를 표현한 사원이었음을 알게 된 사원이라 했다.

세계 7대 불가사의로 알려져 있는 앙코르 와트 사원은 유네스코에 의해 세계문화유산으로 지정되어 그 값짐을 더해 주고 있다. 세계적인 석조건물인 앙코르 와트 사원은 그 웅장함이나 건축물 자체에서 풍기는 신비함 못지않게 세부적인 조각의 아름다움이 전체를 엮어나갔다는 느낌이 들 정도였다.

우리는 500년 이상 된 보리수나무 그늘에서 음료수 등으로 목을 축이고 머리가 7개 달린 뱀 신을 상징하는 교각의 다리를 건너 1억 3천6백만 힌두교 신 중 최고의 신인 인드라 신을 모신 출입문 입구 쪽으로 향해 갔다.

다리 양쪽에는 원추형의 모자를 쓴 신과 투구를 쓴 악마가 머리가 7개 달린 '나가'라는 뱀을 잡고 줄다리기를 하고 있는 모습으로 도열되어 있는 것을 볼 수 있었다. 입구에 들어서자마자 67 m 높이의 주 탑이 웅장한 모습으로 나타났다. 동서남북 네 방향으로 난 문과 이에 연결된 다리를 건너는 구조로 되어 있는 앙코르 와트 입구 탑에는 각 방향을 바라보고 있는 4개의 거인 얼굴상이 있고, 그 밑에는 각 방향으로 인드라 신의 좌상이 머리

앙코르 와트

가 3개인 3m 높이의 코끼리 위에 앉아 있는 모습이었다. 나는 이 웅장한 모습에 과거 탑 조성 시의 기술에 놀라움을 금할 수 없어 연신 카메라 셔터를 눌러댈 수밖에 없었다.

중심 탑에 오르는 계단을 오르기 위해서는 중앙문을 중심으로 좌, 우측문과 쪽문 등, 네 개의 문을 이용해야 하는데 중앙문은 왕이 사용하고 좌, 우측문은 신하와 관료들이, 그리고 쪽문은 일반인, 노예, 우마차가 이용하는 문이었다고 한다. 나는 잠시 휴식 시간을 이용하여 야자열매 음료로 목을 축이고 간단한 튀김요리를 먹었다. 여기저기 허름한 옷에 까무잡잡한 피부색의 어른과 아이들이 기념품을 하나라도 더 팔려고 애쓰는 모습을 보며 나는 이들보다 얼마나 행복한지, 그리고 나를 이곳까지 인도해 주신 하나님께 감사의 기도를 드렸다.

얼마간 휴식을 취한 후 나는 익산 문화 지킴이이신 한미화 씨와 동행하면서 인위적으로 만든 목재 계단을 이용하여 중앙 탑의 상부까지 올라갔다. 가이드 말에 의하면 내가 오른 탑은 1개월 동안에 7일에 한하여 3층까지 올라갈 수 있다고 하였는데 나는 다행히 오늘 오를 수 있는 행운을 잡았다. 넓은 내부 정상 곳곳까지 살펴보니 힘들지만 뿌듯하였다. 어느 한 곳도 이를 축조한 예술적 섬세함과 아름다움, 그리고 건축 기술에 감탄하지 않을 수 없었으며 성내를 살펴보는 동안 꽤 많은 시간이 흐른 것 같아 더 보았으면 하는 아쉬움을 뒤로한 채 서둘러 계단을 내려올 수밖에 없었다.

사원의 한 면의 길이가 3km이니 사방 12km에 달하는 하나의 큰 성이나 다름이 없었다. 남문까지 둘러본 일행은 성을 빠져나온 후 일명 '똑똑이'라는 인력거를 타고 성 주변을 돌아보기로 했다. 나와 문화 원장님이 한 조가 되어 쌍발 인력거를 타고 시내를 지나 앙코르 와트 주변 비포장도로를 따라 둘러보게 되었다. 비포장도로라 황토 먼지가 뿌옇게 날리기도 하고 바람이 일어 모자가 날아갈까 봐 조심스러웠다.

앙코르 톰의 중앙에 위치한 '바욘 사원'은 200여 개의 부조로 만들어졌으며 54개의 탑들로 이루어져 있어 당시 화려한 생활상과 전투 장면을 생생하게 엿볼 수 있어 매우 인상 깊었다. 특히나 크메르의 미소라 불리는 조각상 앞에서 보는 사람의 마음 자세에 따라 웃는 모습으로 보이기도 하고 비웃는 모습으로 보이기도 한다는 이야기를 들으니 사람의 마음이 얼마나 간사한지 다시 한 번 확인하였다. 그리고 나의 마음은 어떠한지를 생각하면서 사진 촬영을 하였다.

'코끼리 테라스'는 높이 3m, 길이 300m 연단으로 5개의 계단을 통해서 올라가도록 되어 있었다. 각종 축제나 군사행렬의 사열장으로 사용되었으며 왕이 등장하여 위치했던 곳에는 코끼리 조각상이 아닌 가루다와 사자 상들이 받치고 있었으며 승리의 문과 왕의 출입문이 일직선상으로 형성되어 특별함을 느낄 수 있었다. 앙코르 톰과 남문, 바욘 사원, 코끼리 테라스를 완성한 왕은 자신이 왕이 되는 모습을 보지 못하고 돌아가신 어머니를 그리워하며 지었다는 '타 프롬 사원'은 다른 사원과는 달리 수도원이 강화되어 있으며 보수를 하지 않아 자연 상태 그대로의 느낌을 받을 수 있었다. 곧게 뻗은 이엥나무가 사원의 벽과 기둥을 휘감았고, 뒤엉킨 뿌리가 자라 사원까지 들어 올리고 있는 스펑나무는 울창하다 못해 웅장하고 신기할 정도로 사원 대리석들을 감싸고 있었다.

앙코르 와트 사원

그 모습을 보며 나는 오랫동안 잊혀져 있던 문명의 흔적을 탐험하는 느낌까지 받았다. 허물어져가고 있는 모습을 보며 나는 이곳이 세계 유네스코 유적지로 등재된 이상 빠른 기간 내에 충분한 보수를 하지 않으면 엄청난 세계유산을 잊어버릴지도 모른다는 생각을 하였다.

캄보디아를 쳐들어온 월남이 4년을 지배하고 왕의 군대가 이를 물리쳤으나 그 후 태국이 다시 쳐들어와 100년을, 프랑스가 쳐들어와 1934년까지 지배함으로써 캄보디아인은 동, 서, 남, 북으로 와해 분산되었다. 그들은 얼마 전까지만 해도 수많은 고통과 핍박 속에 살아왔기에 이곳을 악마의 도시, 죽음의 도시, 저주받은 도시로 불렀다. 39개 사원만이 복원된 지금에야 '자연 앞에 신은 없었다', '신은 위대하다'라고 제각기 다르게 주장하며 살아가고 있는 처지임을 알고 있는지라 나는 마음속으로 '이네들이 지금이라도 과거를 반성하고 왕성하고 부강했던 왕조를 다시 만들어 희망찬 국가로 발전하기를 바랍니다' 하고 간절히 기도할 뿐이었다.

일행은 동양 최대의 호수인 '톤레삽' 호수까지 타고 왔던 버스로 다시 이동하여 선착장에 대기 중인 유람선을 타고 넓디넓은 호수와 황토색 물을 보며 선상에서 살아가는 수상족의 생활모습

밤을 목에 걸고 구걸하는 아이

을 볼 수 있었다. 그들은 우리가 탄 유람선 가까이 따라 오며 팔찌 등 조그마한 기념품을 사달라고 졸랐는데 이 중에는 몸과 목에 자기보다 더 큰 뱀을 칭칭 감고 "1불, 1불만…" 하며 구걸하는 아이도 있었다. 나는 우리나라가 일제 36년의 압박 속에서, 그리고 한국전쟁 이후 비참했던 과거가 떠올라 그 어린 아이들에게 준비해 갔던 1불짜리 지폐를 모두 나누어주었다. 동정이 아니라 그들에게 희망의 불씨를 준다는 생각에서였다. 나는 선상에서 아내에게 선물할 스카프도 사고 과일도 사서 일행에게 나누어주기도 하였다.

우리는 선상에서 판매하는 요리들로 점심식사를 하였다. 선착장으로 돌아오는 동안 못다 찍은 사진을 촬영하면서 내 눈으로 보아온 모든 것들을 오랫동안 지우지 않으리라 다짐도 해보았다.

버스에 옮겨 탄 일행은 캄보디아 내전 당시 사망한 사람들의 유골을 봉안하고 있는 '새사원'이라 칭하는 '왓 트마이'로 향했다. 프놈펜의 킬링필드를 보지 못한 일행은 이곳에 들러 캄보

'새사원'이라 칭하는 '왓 트마이'

사찰 승려가 운영하는 중학교

디아의 아픈 과거를 느껴보고자 한 것이다. 도착해 보니 이곳에는 캄보디아의 최대 사찰답게 대웅전 안에는 부처가 모셔져 있고 대웅전 정면 앞에는 크나큰 황금색 와불이 있었으며 완납이라 부르는 중학교가 있었다. 나는 학생들에게 영어로 사찰 내에 웬 학교가 있느냐고 물으니 이 학교는 사찰 승려가 운영하는 남녀공학 중학교라 하였다. 공부는 승려들이 가르쳐준다는 것이었다. 남자는 국방의 의무가 없는 대신 18세 성년이 되면 무조건 3개월 이상 승려학교를 수료해야 하며 곳곳에 산재해 있는 사원에서 승려 생활을 할 뿐만 아니라 마을까지 관리해야 한다.

유골 보관소

불상이 안치되어 있는 학교 내부를 둘러보며 운동장 중앙부에 한 면이 두터운 유리로 되어 있는 원두막형 막사에 수백 개의 유골을 차곡차곡 정렬해 놓은 유골 보관소를 보면서 그네들의 참혹상을 실제 보는 듯하여 이들의 영혼을 달래어주십사 하고 마음속으로 하나님께 빌었다.

6시에 사찰 관람을 마친 일행은 샬트 재래시장에 들러 우리나라 자판식 재래시장과 유사한 시장 풍경을 보면서 이곳에서의 순금은 97.5%가 순금으로 정해져 있음도 알게 되었다. 프놈펜으로 가는 가장 중요한 도로를 따라 숙소인 호텔로 돌아와 여장을 푼 후 저녁식사를 하고 룸에 돌아온 나는 내일이 여행 마지막 일정임을 생각하면서 가방을 정리하고 여행 후기를 적은 후 일찍 잠자리에 들었다.

## 여행 마지막 날

여행 마지막 날이다. 꾸려진 가방과 휴대품을 재차 확인한 후 1층 레스토랑에서 아침식사를 간단하게 하였다. 일찍 식사를 마친 일행 몇 분은 가방을 가지고 프런트로 내려와 버스에 짐을 싣고 있었다. 나도 서둘러야겠다는 마음에 룸으로 올라가 꾸려진 가방을 챙겨가지고 내려왔다. 체크아웃을 한 후 버스 하단에 짐을 넣고서야 홀가분한 느낌이 들었다. 잠시 후 일행 전체가 승차하자 가이드는 오늘 일정에 대하여 간략히 말해 주었다.

일행은 10시경에 사라 호수에 도착하여 주변 구경을 한 후, 가이드가 구입하여 준비한 망고를 맛있게 먹으며 이런저런 얘기를 나누고 있을 때, 다섯 살부터 열한 살 또래의 남녀 아이들 예닐곱이 모여 '만남' 등의 유행가와 한국 동요를 부르는데 우리 한국의 어린이들보다 더 잘 부르는 것 같아 그들이 판매하는 물건들을 사지 않을 수 없었다.

다시 보는 재래시장은 그런대로 흥미 있는 구경거리를 제공해 주었다. 상황버섯 매장에 들르니 그곳에는 캄보디아에서만 볼 수 있다는, 신이 내려준 나무인 400~600년간 자연에서 자라온 뽕나무에서 채취한 300~450년 산 상황버섯을 볼 수 있었다.

마침 매장 주인이 한국의 전주가 고향이라면서 특별히 45% 할인하여 주겠다고 하기에 일행 중 많은 분이 구입하였다. 나는 상황버섯으로 담근 술 한 잔과 차 한 잔을 시음해 보고 사지는 않았다.

쇼핑 매장에 들러서는 실크 목도리 하나와 비염 약, 모기 물린 데 바르는 약 등을 사는 것으로 만족해야 했다. 우리는 가이드가 안내하는 한식 전문 식당에 들어가 스끼를 먹은 후 귀국하기 위해 씨엠립 공항으로 출발하였다.

24시에 공항에 도착한 우리는 수화물 탁송부터 한 후, 출국신고와 공항 내의 면세점을 구경한 뒤 게이트의 출국 검사를 받은 뒤 2시 15분에 비행기에 탑승하여 씨엠립 국제공항을 이륙하였다. 나는 피곤함과 안도감이 겹쳐 비행기 이륙 후 곧장 몰려오는 잠을 청하여 깊은 잠에 빠져들었다.

비행 도중 한국에 도착하면 날씨가 춥다는 뉴스를 들으면서 쇼핑백에 넣어두었던 겨울 바지와 잠바를 꺼내 입고 다시 잠을 청했다. 얼마 후 눈을 떠보니 우리는 어느덧 인천 국제공항 상공을 날고 있었다. 6시 50분경에 비행기가 활주로에 안착한 후에야 여행을 무사히 마친 것에 대해 안도할 수 있었다.

입국절차 과정을 거친 일행은 입국장 출구로 나와 아침식사를 한 후 기다리고 있던 버스에 탑승, 익산에 도착하니 12시 15분이었다. 마중 나온 아내를 보니 반갑고 기쁘기 그지없었다.

* * *

이 글을 마치며 여행이 무사히 끝나는 순간까지 여행길에 리더로서 역할을 해주시고 2차에 걸쳐 통일 특강까지 해주신 김복현 문화원장님께 진심으로 감사드리며 여행을 통한 통일의 중요성과 힘없는 약소국의 실상이 무엇인지 그리고 어떠한 활동을 통하여 국민 모두에게 통일 의식을 심어주고 남북한 통일을 앞

당기게 할 것인가 또한 통일 후는 어떻게 대비해야 할 것인가에 대한 산지식을 충분히 보고 느끼게 해주신 모든 분들께 감사하는 마음을 새롭게 조명하면서 감히 졸필을 놓습니다.

끝으로 성공한 모습을 보여줬던 가이드 임영채 선생님과 일행을 따뜻하게 맞아주었던 임영채 씨 아내분께, 처음부터 끝까지 안내해 주신 이영희 세화관광 여행사 사장님께도 삼가 감사의 말씀을 전해 드립니다.

# "요즘 시인은 잉크에 물을 많이 탄다"

김태일
(작가_계간「풍자문학」 발행인)

시란 영혼의 음악이다. 좀 더 위대하고 다감한 영혼들의 유희이다. 그런데 요즘 시인들은 잉크에 물을 많이 탄다. 그래서 현대의 시가 너무 싱겁게 읽히고 있다.

당나라의 시인 백거이는 "시란 정(情)을 뿌리로 하고, 말을 싹으로 하고, 소리를 꽃으로 하고, 의미를 열매로 한다"라고 노래했다. 그만큼 시는 농축된 영혼의 울림이요, 감히 인간이 근접할 수 없는 신(神)의 노래와 비교해도 부족함이 없으리라.

한 시인이 태어나기까지 하늘은 그의 정신과 영혼에 더 무게를 두고 있다고 하겠다. 그래서 또 다른 한 차원으로 분류해 시인(詩人)이라고 했나 보다. 싱거운 시들이 난무하는 가운데 그래도 진한 잉크로 쓴 시(詩)가 있다. 전근표 시인, 그는 여느 시인과는 그 차원을 달리한다. 시작(詩作)의 정신은 이미 대한민국 육군중령으로 예편했으니 나라에서 검증했다 할 것이고, 시인으로의 삶은 회갑을 다섯 해나 넘긴 현재까지도 젊은이 못지않게 활발하게 문학 활동을 전개하고 있으니 그 행보가 남다르다 하겠다.

전 시인의 작품에서 주목할 점은 휴머니즘과 살가운 정이 살아 있다는 것이다. 그리고 고향이 한 달음에 달려와 지척에 있고 자연이 숨 쉬고 옛 정취가 물씬 풍기는 자연이 숨 쉬고 있다는 데 있다. 그의 작품을 음미하다 보면 고향 집 툇마루에 앉아 있는 듯한 착각과 어머니의 품속과 같은 대지에 맨발로 서 있는 자신을 발견하게 된다. 뿐만 아니라 깊어가는 가을에 자연과 함께 동화되며 나른한 꿈을 꾸고 싶어진다.

모두 6부로 구성되어 있는 전 시인의 작품에는 자연과 고향, 그리움과 아름다움, 행복이 녹아 있다. 그의 시의 출발점은 한여름 바닷가에서부터 시작된다.

하늘엔 붉은 태양
초록 산야 풀내음 익히고
바닷가 하얀 파도
청량한 해풍을 마신다

비어 있는 듯
차 있는 파아란 하늘
수평선 머리 위
활짝 핀 뭉게구름 꽃
차 있는 듯 비어 잡히지 않고

〈중략〉

구구국 구구국
떼 지어 나는 갈매기
동심의 캔버스 위에
흰 돛단배 하나 그리고 있다

– 〈한여름 바닷가에서〉 일부분에서

하늘의 태양과 바다, 그리고 구름을 꽃으로 표현하고 동심으로 돌아와 모든 자연을 한 폭의 캔버스에 담았다. 동심은 자연이다. 사람이 초심을 잃지 않으면 자연과 하나가 된다 하겠다.

'흰 돛단배 하나 그리고 있다'는 시인의 소박한 꿈이 우리들에게 감미롭게 느껴진다. '처음처럼'이란 말도 이런 뜻에서 그 맥락을 같이한다 하겠다.

이런 자연의 마음으로 고향을 생각하는 시인의 마음이 너무도 순수하다. 그런 그에게 자신을 시인으로 거듭 탄생시켰다고 고향을 승화시켰다.

그곳에 가보고 싶다
금강 상류 시원한 물소리의
옛 이야기 구수한 그곳

저녁놀에 백로가 새끼들 데리고
하늘길 가면서 도란거리는
한가한 이야기 소리 들리는 그곳

어머니의 호미 끝에 묻어나는

땀방울이 세간을 늘리고
날 詩人까지 밀어 올려준
텃밭이 있는 그곳

물속에 깊게, 깊게 잠들어 있는
고향 집에 가보고 싶다

〈생략〉

– 〈그곳에 가보고 싶다〉 일부분에서

고향의 풍광을 원시의 태곳적 정취와 살가운 분위기로 고향의 의미를 모르는 도시인에게 한 폭의 그림을 전해 주는 듯하다. 저녁놀 백로와 어머니의 땀이 밴 노고를 호미에 접목하면서 고향에 대한 향수와 그리움을 한층 잘 전달하고 있다. 고향은 그 단어만으로도 먹먹해지는 그리움의 대상이다. 그런 그에게 또 다른 감동의 시어가 행복한 춤을 춘다.

눈을 뜨고 보니 핸드폰에

짤막한 사연이 와 있었습니다
읽는 순간 가슴이 아파왔습니다
내내 그 문자를 바라보며
녹아내릴 듯 사무치는 그리움은
찡한 내 두 눈가에 끝내
이슬방울을 맺히게 하였습니다
“그리워요 보고파요 사랑해요”
자주 들려주는 그 사연은
외로운 나에게 천사가 들려주는
희망의 목소리였습니다
그대를 사랑합니다 행복합니다

– 〈그리움(1)〉 전문

누구나 인간은 혼자이다. 그런 외로운 인간으로 하여금 감동을 느끼게 하는 단어들을 나열한다면 ‘그리워요, 보고파요, 사랑해요’라고 해도 과언이 아니다. 시인은 최첨단 문명의 이기인 핸드폰을 단숨에 감성이 담긴 생명체로 만들었다. 그리운 단어들이 숨 쉬는 핸드폰의 그 몸통은 차가운 금속성이 아닌 따뜻한 온기가 느껴지는 생명체로 환생한 것이다. 그는 곧이어 '그대를 사랑합니다 행복합니다'로 화답하고 있다.

사랑하고 행복해하는 이 모든 감정의 대상을 선택하라고 한다면 아마도 어머니 아버지의 자리가 그 비중을 심도 있게 차지할 것이다. 아래의 시에는 시인의 애틋함과 눈물겨운 삶이 오롯이 담겨져 있다.

아버지!
춘하추동 사계절
비바람 폭풍우가 불어도
엄동설한 눈보라가 휘몰아쳐도
날 낳으신 어머니 붙잡고
꿋꿋한 모습으로 자식들 사랑하셨던 아버지
배고파 허기질 때면 새벽잠 깨어 사립문 박차고
쪼들린 삶에 지친 모습 숨기려고
늦은 저녁에야 집에 오셨던 아버지
이 자식 그 크고 깊은 뜻을 이제야… 이제야
아무리 불러도, 불러도 대답 없는
이제야 알았습니다

아버지 아버지 아버지
당신을 불러보며
하늘만 우러러 눈물짓고 있습니다.
사랑합니다! 아버지
사랑합니다! 아버지

– 〈사랑합니다! 아버지〉 전문

대한민국의 자식이라면 부모님을 생각할 때 가슴으로 뜨거운 눈물부터 흘리는 게 인지상정일 것이다. 그만큼 우리 세대의 부모님은 자식들을 위해서 너무도 헌신적이셨다.

'아버지 날 낳으시고/어머니 날 기르시니/두 분 곳 아니면 이 몸이 사라시랴/하늘같은 은덕을 어디 다 갚사오리(정철, 조선의 시조시인)'라고 일찍이 우리의 선조도 노래했다.

'사랑합니다! 아버지'에서는 부모님의 은덕을 기리는 시인의 마음이 가장 잘 나타나 있다 하겠다. 그 애절함에 저절로 숙연해지면서, 시를 읽는 이의 마음에도 한달음에 부모님에 대한 그리움을 일렁이게 만든다. 허기진 몸짓으로 안타까운 시절을 살아오신 부모님을 애타게 부르면서, 각박한 현실이지만 그래도 향기로운 그 '사랑'을 영원히 간직하겠노라며 희망을 담았다.

요즘 사회 빈익빈 부익부 양극화다
개혁주의자들과 기득권자들의
자리 굳힘 싸움이 한창이다

거짓과 파렴치가 도를 지나쳐
이제 '인간 자체'이기를
거부하는 듯하다

우리 모두 이른 새벽 맑은 하늘 아래
풀잎 위 영롱한 이슬을 보았는가?
'아침 이슬'처럼 투명하고 영롱한
사회 발전에 앞장서서 뜻을 같이 모으자

우리에겐 꿈이 있고 희망이 있다!
꿈은 반드시 이루어진다

—〈아침 이슬〉 전문

자연을 노래하던 시인은 어느덧 우리 사회의 왜곡을 꾸짖으며 올곧은 길로 나아갈 것을 호소하고 있다. '풀잎 위 영롱한 이슬을 보았는가?' 이는 질박한 국민을 풀잎으로 표현하여 새로운 희망을 꿈꾸는 국민을 영롱한 이슬로 그렸다. 또한 그 풀잎은 의식 있는 국민들을 일깨웠다. 그래서 한 차원 높은 감성을 자연에 담아내며 휴머니즘이 꿈틀거리게 한다. 현재의 양분된 극한 감정을 하나로 모으려는 희망의 메시지는 영롱한 아침 이슬로 번쩍이고 있다.

그는 다시 현실로 돌아와 '천안함의 희생된 46용사'의 넋을 위로하고 있다.

파도는 바다를 친다
그러나 말이 없다

나라 위해 散華한
忠情의 외침이 死者 魂되어
바다 속 깊이 잠들어 있다

여보! 아들아, 엄마야

아빠야, 동생아, 전우야를 외치며
울부짖던 喊聲들

그대들은
부모 형제 자매의
설익은 잠을 깨웠고
부릅뜬 우리들 선한 눈동자에
피눈물을 적셨다

46勇士여!
지금도
차갑고 어두운 바다 속에서
울부짖는 喊聲은
영혼의 귓전을 때릴 터인데

〈중략〉

꽃다운 나이
그렇게 떠나신

그대 46勇士 英靈들이여!
오장육부 똥물 부스러기 훔쳐버리고
아!…
실낱같이 토해내는 조용한 喊聲

가엽다, 부끄럽다
千秋에 恨이 되어라

가슴을 친다
내가 진정 잘못했다 미안하다
容恕하라고 속죄하지만
아빠 엄마 사랑하는 당신
누나야 동생아 슬픈 함성이 있어
우리는 말할 수 없다

46勇士의 넋이여!
바다를 치고 땅을 치고
하늘 향해 소리 질러도
沈默 속에 조용한 喊聲일 뿐

조용히 조용히
잊혀지지 않을 기억 속에
祖國이 永遠하길 바랄 뿐
부서진 天安艦 722號
46勇士의 영령 앞에
容恕를 빌고 책임 다하는
우리 모두 되길 바랄 뿐

作戰에 失敗한 指揮官
용서 받을 수 있어도
警戒에 실패한 지휘관
용서 받을 수 없다는
教訓 다시 한 번 되뇌어본다

– 〈46勇士의 조용한 喊聲〉 중에서

이렇게 본다면 전근표 시인은 하루가 다르게 격변하는 현 시대의 아픔을 어우르는 대변인이라 하겠다. 국민의 아픈 곳을, 너무도 시린 곳을 시로서 모든 이를 위로하고 있다. 영관급으로 국방의 의무를 마친 전 시인의 굳건한 결의는 '경계에 실패한 지휘관은 용서 받을 수 없다'라는 이 시의 결말로 나라를 위해 목숨을 바친 꽃다운 청춘들에게 조금이나마 위로가 되리라.

또한 그는 자연을 노래함으로써 느림의 미학을 배우게 한다. 그 미학은 고향과 부모님, 모든 생명체, 더 나아가 이데올로기를 한곳에 모으면서, 날로 거칠어져만 가는 현대인에게 휴식과 같은 편안함을 선물해 주었다. 이것이 오늘을 사는 이들에게는 그 무엇과도 바꿀 수 없는 소중한 의미가 되리라 믿어본다.

전근표 시인의 두 번째 작품의 해설을 쓰는 작가도 본 작품을 접하면서 나름 반성의 기회를 가졌다. 그동안 잊고 지냈던 것들이 새삼스러웠기 때문이다. 해설을 쓰는 내내 고향에 대한 그리움, 헌신적인 부모의 사랑, 자연에 대한 감사 등과 함께 하찮은 돌멩이 한 개조차도 귀한 의미로 다가왔다.

본 해설을 시인의 〈저자의 글〉로 마무리한다.

'아버님, 어머님에 대한 참뜻을 알고 의미를 부여하며 현실을 꿰뚫어보는 시안(詩眼), 그 한 마디 한 마디 단어 자체가 진정 진

솔하고 진한 향기를 내뿜는 활화산 같기 때문이리라.'

지나간 과거의 추억을 되새기며 가난을 벗 삼아 살아온 질곡된 삶의 흐름이 겹겹이 쌓여 독자 여러분의 따뜻한 가슴에 시원한 청량제 같은 향기로움으로 다가가기를 바랄 뿐이다.

사랑합니다! 아버지


초판 1쇄 인쇄 2013년 10월 26일
초판 1쇄 발행 2013년 10월 31일

지은이 전근표
펴낸이 金泰奉
펴낸곳 한솜미디어
등록 제5-213호

편집 박창서 김수정
마케팅 김명준 양은지
홍보 김태일

주소 143-200 서울 광진구 구의동 243-22
전화 (02)454-0492(代)
팩스 (02)454-0493
이메일 hansom@hansom.co.kr
홈페이지 www.hansom.co.kr

값 10,000원
ISBN 978-89-5959-372-9 (03810)